Routes et chemins

Bretagne

Philip Plisson ⚓

fondateur avec son épouse Marie-Brigitte de Pêcheur d'Images,
est certainement le photographe de mer le plus connu de notre pays.
Amoureux fou de la mer, il sait faire partager son enthousiasme.
Peintre de la Marine, on ne compte plus les livres, les expositions,
les parutions du pêcheur d'images qui n'a de cesse de repartir
pour de nouvelles aventures photographiques.
Entre deux voyages, il vit à La Trinité-sur-Mer en Bretagne.

Claude Marcel-Rouault

est née à Rennes de parents finistériens. Elle vit en Bretagne,
pays qu'elle sillonne en toutes saisons.
Correspondante des guides Gallimard, elle écrit également
pour les magazines *Côté Ouest, Pays de Bretagne et Yachting Classique.*
Dès que ses occupations professionnelles le lui permettent,
elle navigue à bord du voilier familial entre les îles et le continent.

ISBN : 2700312716
Imprimé en Italie

Routes et chemins

Bretagne

PHOTOGRAPHIES PHILIP PLISSON

TEXTES CLAUDE MARCEL-ROUAULT

Flammarion

Manche
Sillon de Talbert
Ile de Batz
Perros-Guirec
Paimp
Lannion
Saint-Pol
Morlaix
Guinga
Ile d'Ouessant
BREST
L'Aulne
Pointe du Raz
Quimper
L'Odet
Le Blavet
Concarneau
Pont-l'Abbé
Pont Aven
Lorient
Ile de Groix
Quiberon
Belle-Ile
Océan Atlantique

e de
réhat
Cap
Fréhel
Baie de
Saint-Malo
Saint-Malo
Mont
Saint-Michel
Dinard
Saint-Brieuc
Dinan
Dol-
de-Bretagne
La Rance
RENNES
Vitré
Josselin
La Vilaine
nnes
Redon
Châteaubriant
Saint-Nazaire
NANTES
La Loire
N
S
25 km
25 km

Sommaire

TAUREAU

BIENVENUE EN BRETAGNE !

Des Marches de la Bretagne à Brest, la « porte océane », il y a mille et une façons de découvrir cette terre qui avance comme une gueule de loup dans la mer. Ici, point de lignes droites et c'est au détour des routes et des chemins que l'on voit apparaître une chapelle, un calvaire ou une fontaine pour le pèlerin, un château, un manoir ou une simple auberge pour le voyageur. Sa côte, de caps en baies, de petites pointes en anses, multiplie les distances et atteint près de trois mille kilomètres ; avec la Manche au nord et l'océan Atlantique au sud, où que l'on soit, la mer n'est jamais très loin.

Dès qu'un abri se présente, on rencontre des bateaux au mouillage, prêts à larguer les amarres.

Pages précédentes : à Quiberon, il n'y a ni vainqueur, ni vaincu dans le duel où s'affrontent l'océan et le château Turpault.

Pour le voyageur curieux, la Bretagne est un livre d'histoire à ciel ouvert et c'est en la sillonnant que l'on peut reconstituer les grandes étapes de son existence. Dès le paléolithique, l'Armorique a été occupée : menhirs et dolmens ont été dressés, attestant d'un culte des morts déjà très élaboré. En 500 avant J.-C., les Celtes envahissent l'Armorique et y organisent une vie très active autour de petites cités. Devenue gallo-romaine après la victoire de César sur les Vénètes, le commerce et l'agriculture s'intensifient. Avec l'arrivée des Bretons au Ve siècle après J.-C., l'Armorique est évangélisée et les premiers monastères font leur apparition. La naissance d'une Bretagne indépendante correspond à la victoire de Nominoë sur Charles le Chauve en 845. Le Moyen Âge, où tant de châteaux sont construits sur les côtes et à l'intérieur du pays, ne connait que sombres et violentes querelles de succession. Anne de Bretagne, chère au cœur des Bretons, bien que mariée à Charles VIII et à Louis XII, peut en toute indépendance assurer la paix et la prospérité de son grand duché. Elle meurt en 1514 et c'est en 1532, sous le règne de François Ier, que la Bretagne perd son indépendance en devenant une province de France. Mais elle n'est pas pour autant soumise et, pendant la Révolution, les chouans se soulèvent contre la République. Le XXe siècle n'a pas fait disparaître ce besoin d'indépendance : de nombreux mouvements politiques et culturels de diverses sensibilités prouvent encore cette forte identité et cette fierté d'être breton. La langue bretonne connaît une nouvelle jeunesse : l'histoire, la littérature, la musique, la danse ne sont plus le monopole des chercheurs et des archivistes. Le peuple breton a repris sa culture en main ; loin d'être figée, elle est l'affaire d'une nouvelle génération qui la fait bouger, l'intégrant parfaitement dans l'époque contemporaine, que l'on songe au jeune poète Yvon Le Men ou aux musiciens Alan Stivell, Dan Ar Braz ou Gilles Servat, par exemple.

La Bretagne a toujours été profondément religieuse. Le culte druidique, qui n'a pas entièrement disparu, puis la christianisation au Ve siècle ont profondément marqué cette terre et ce peuple fervent. Les marins ont besoin de prier et de croire aux miracles : tous les ex-voto, dans les chapelles des bords de l'océan, les pardons, les bénédictions de la mer montrent à quel point ces fidèles paroissiens ont eu besoin de la protection des saints, de Notre-Dame et de sainte Anne, la mère de la Vierge mais surtout la patronne des Bretons. L'architecture religieuse est d'une grande richesse : cathédrales ou modestes chapelles, calvaires et fontaines miraculeuses ponctuent le paysage. À chacun de composer son *Tro Breiz*, tour de Bretagne à caractère religieux qui, à l'origine, reliait les sept évêchés créés par les sept saints fondateurs de la Bretagne chrétienne.

La Bretagne, terre bénie des peintres ! Tant de paysages et de lumières sans cesse changeantes s'offrent à nos yeux, tant de sites maritimes dont l'aspect varie à chaque heure de la marée, tant de couleurs illuminent la campagne dès le printemps avec les genêts dans la lande et les pommiers dans le bocage ! Pont-Aven, Concarneau, Camaret, Saint-Briac, le Faouët et bien d'autres ont eu « leurs peintres ». Tous les musées de Bretagne abritent des trésors signés de noms connus ou encore ignorés. Abandonnez les voies rapides, oubliez les cartes routières et demandez votre chemin, ce sera le début d'une belle histoire entre vous et ce pays. Prenez votre temps : seule la marée n'attend pas ! Régalez-vous des produits de la mer et du terroir ! Et quand la Bretagne vous sera devenue familière, vous pourrez prononcer ces mots qui pour les Bretons sont un privilège et une déclaration d'amour : « *Breiz ma bro*, Bretagne mon pays ! »

CETTE CÔTE QUI VA DE CANCALE AU CAP FRÉHEL MÉRITE BIEN SON NOM : LA MER Y EST D'UN VERT VIF ET DOUX À LA FOIS COMME ON NE LA VOIT GUÈRE AILLEURS.

Saint-Malo et la côte d'Émeraude

La côte d'Émeraude est un site balnéaire en vogue. À la fin du XIXe siècle, les Anglais firent de cette côte lumineuse un lieu à la mode comme en témoignent aujourd'hui encore l'architecture des villas, le développement du yachting et des régates et même le golf de Dinard, le second créé en France. Un sentier de douaniers longe toute cette côte ; devenu chemin de grande randonnée, le fameux G.R. 34, et se poursuit tout le long des côtes bretonnes. Mais avant de devenir une destination en vogue, la côte d'Émeraude a eu un riche passé maritime dont les ports de Cancale et Saint-Malo ont conservé la trace.

Les cheminées de Saint-Malo sont particulièrement hautes, sans doute pour ne pas enfumer la ville à l'intérieur des remparts. Les goélands ont leurs bonnes adresses pour y nicher ou s'y restaurer.

Cancale, ce petit port qui semble n'avoir rien changé de son rythme de vie, a toujours tiré sa richesse de la mer. Au XIXe siècle, les marins de Cancale allaient pêcher la morue sur les bancs de Terre-Neuve, tandis que leurs femmes travaillaient sur les parcs à huîtres.

de la protection des saints, de Notre-Dame et de sainte Anne, la mère de la Vierge mais surtout la patronne des Bretons. L'architecture religieuse est d'une grande richesse : cathédrales ou modestes chapelles, calvaires et fontaines miraculeuses ponctuent le paysage. À chacun de composer son *Tro Breiz*, tour de Bretagne à caractère religieux qui, à l'origine, reliait les sept évêchés créés par les sept saints fondateurs de la Bretagne chrétienne.

La Bretagne, terre bénie des peintres ! Tant de paysages et de lumières sans cesse changeantes s'offrent à nos yeux, tant de sites maritimes dont l'aspect varie à chaque heure de la marée, tant de couleurs illuminent la campagne dès le printemps avec les genêts dans la lande et les pommiers dans le bocage ! Pont-Aven, Concarneau, Camaret, Saint-Briac, le Faouët et bien d'autres ont eu « leurs peintres ». Tous les musées de Bretagne abritent des trésors signés de noms connus ou encore ignorés. Abandonnez les voies rapides, oubliez les cartes routières et demandez votre chemin, ce sera le début d'une belle histoire entre vous et ce pays. Prenez votre temps : seule la marée n'attend pas ! Régalez-vous des produits de la mer et du terroir ! Et quand la Bretagne vous sera devenue familière, vous pourrez prononcer ces mots qui pour les Bretons sont un privilège et une déclaration d'amour : « *Breiz ma bro*, Bretagne mon pays ! »

CETTE CÔTE QUI VA DE CANCALE AU CAP FRÉHEL
MÉRITE BIEN SON NOM : LA MER Y EST
D'UN VERT VIF ET DOUX À LA FOIS
COMME ON NE LA VOIT GUÈRE AILLEURS.

Saint-Malo et la côte d'Émeraude

La côte d'Émeraude est un site balnéaire en vogue. À la fin du XIXe siècle, les Anglais firent de cette côte lumineuse un lieu à la mode comme en témoignent aujourd'hui encore l'architecture des villas, le développement du yachting et des régates et même le golf de Dinard, le second créé en France. Un sentier de douaniers longe toute cette côte ; devenu chemin de grande randonnée, le fameux G.R. 34, et se poursuit tout le long des côtes bretonnes. Mais avant de devenir une destination en vogue, la côte d'Émeraude a eu un riche passé maritime dont les ports de Cancale et Saint-Malo ont conservé la trace.

Les cheminées de Saint-Malo sont particulièrement hautes, sans doute pour ne pas enfumer la ville à l'intérieur des remparts. Les goélands ont leurs bonnes adresses pour y nicher ou s'y restaurer.

Cancale, ce petit port qui semble n'avoir rien changé de son rythme de vie, a toujours tiré sa richesse de la mer. Au XIXe siècle, les marins de Cancale allaient pêcher la morue sur les bancs de Terre-Neuve, tandis que leurs femmes travaillaient sur les parcs à huîtres.

Les enseignes de Dan Lailler, ancien conservateur du musée de Saint-Malo et peintre à ses heures, mettent de la couleur dans cette ville de pierre. Page de gauche : La Bisquine de Cancale, voiles fermées, passe devant le môle des Noires, à Saint-Malo, à la recherche d'un abri pour la nuit.

Aujourd'hui, l'ostréiculture est devenue l'activité principale et il faut assister au spectacle des bateaux amphibies, flottant ou roulant dans les parcs à huîtres et remontant à terre pour rejoindre les bassins d'affinage. Le long du port de la Houle, restaurants et gargotes se succèdent pour vous offrir les huîtres les plus fraîches.
Lorsque l'on prend la route côtière pour faire cap vers Saint-Malo, la pointe du Grouin est un promontoire d'où l'on peut admirer la baie du Mont-Saint-Michel. La côte, faite de petites anses abritées et de pointes exposées à tous les vents, mène à la plage de la Touesse, chère à l'écrivain Colette, qui y construisit sa villa *Roz Ven,* et y écrivit *Le blé en herbe.* En arrivant à Rothéneuf, les amateurs d'art naïf pourront découvrir les rochers sculptés par l'abbé Fouré : monstres et pirates y contemplent inlassablement la mer.
Arriver à Saint-Malo par la mer est sûrement la meilleure façon de découvrir la cité corsaire : protégée par les forts construits sur ordre de Vauban, (fort de la Conchée, fort National, fort de Petit Bey et fort Harbourg), la ville close, à l'abri de ses remparts semble toujours défier un ennemi séculaire qui fut longtemps pour tout le nord de la Bretagne la « perfide Albion »... Saint-Malo, ville d'armateurs doit sa richesse passée à la course : cette ville compte de célèbres corsaires comme Surcouf, Dugay-Trouin et bien

d'autres encore. Une autre source de richesse pour les armateurs fut le commerce grâce à la Compagnie des Indes qui leur ouvrit la route de l'Asie. Tous ces armateurs, une fois leur fortune faite, se faisaient construire dans l'intérieur des terres des gentilhommières, surnommées « malouinières », pour cacher leurs richesses si rapidement acquises. Enfin, la pêche à la morue enrichira armateurs et capitaines. Tout ce riche passé se découvre en visitant la ville. Pour commencer, le tour des remparts est à lui seul une page d'histoire qui se déroule sous vos yeux : les statues de Dugay-Trouin, de Mahé de la Bourdonnais, de Jacques Cartier, de Surcouf vous saluent tout autour des remparts. La vue de l'autre côté des murs est d'une grande beauté : Saint-Servan, l'embouchure de la Rance, les forts, le Grand Bey où Chateaubriand a voulu être enterré et l'île de Cézembre avec sa petite plage plein sud et son restaurant accueillant.

Bien que reconstruit en grande partie après les bombardements de la dernière guerre mondiale, l'intra-muros garde aussi de nombreux souvenirs. Chateaubriand le romantique, est né dans l'hôtel qui porte son nom. Il faut découvrir les escaliers et les venelles qui montent jusqu'à la cathédrale où se trouve le tombeau de Jacques Cartier qui partit de Saint-Malo pour découvrir le

Dans un parfait alignement, la Vierge de Bizeux, la tour Solidor et le clocher de la cathédrale dominent la baie de Saint-Malo.
La cité corsaire, à l'intérieur de ses murs, possède en effet un clocher remarquable qui, de jour, sert de repère aux marins venant du large.
Pages suivantes : Aux grandes marées, lorsque la mer se retire, les plages se transforment en fourmilières. La pêche à pied est un vrai bonheur sur ces côtes où les marées ont les plus forts coefficients d'Europe.

Saint-Laurent et le Québec. Quelques hôtels particuliers d'armateurs qui avaient vue sur le port ont échappé aux bombardements; l'un d'eux, l'hôtel Magon de la Lande est ouvert aux visiteurs. Proche de la porte Saint-Vincent, le château abrite le musée de la ville dont les collections retracent la riche histoire de la cité qui réussit, en 1590, à se proclamer République indépendante et à le rester jusqu'en 1594! « Ni français, ni breton, malouin suis », cette devise leur convenait parfaitement...

Il ne faut pas quitter la ville sans longer les quais qui bordent les bassins reliés par des ponts et fermés par une écluse. Saint-Malo, port de commerce et de pêche, est aussi un port de plaisance, qui célèbre tous les quatre ans le départ de la fameuse Course du Rhum, et propose à tous les voyageurs des départs quotidiens vers les îles anglo-normandes, l'Angleterre ou l'Irlande.

Construites à la fin du XVIIe siècle par les corsaires et les armateurs enrichis, les malouinières fleurissent dans l'arrière-pays de Saint-Malo. On en a recensé plus d'une centaine.

PRODUIT DU TERROIR PAR EXCELLENCE, LE TEMPS N'EST PAS SI LOIN OÙ CHAQUE FERME PRESSAIT SON CIDRE ET LE « TIRAIT » DE BARRIQUES IMPRESSIONNANTES (220 LITRES ENVIRON) AVEC UNE POMPE, PETIT OBJET D'ART EN CUIVRE ET EN BOIS PRÉCIEUX. LE CIDRE BLOND OU DORÉ COULAIT DANS LES BOLÉES, BOLS À ANSE JOLIMENT DÉCORÉS PAR LES FAÏENCIERS LOCAUX.

Le cidre breton

À VISITER

- **Écomusée du pays de Rennes**
(vergers d'une centaine de variétés de pommes)
Ferme de la Bintinais
35000 Rennes
Tel : 02 99 51 38 15
- **Écomusée de Saint-Degan**
(verger conservatoire, journée de taille, bourse de greffons)
56400 Brech
Tel : 02 97 57 66 00
- **Musée de la pomme et du cidre**
(producteur ; dégustation sur place)
La Ville Hervy
22690 Pleudihen
Tel : 02 96 83 20 78
- **Musée du cidre Cloarec**
12, rue Marcel Scullier
29120 Combrit
Tel : 02 98 51 90 84
- **Domaine de Kervéguen**
(visite de la cave du XVIe siècle, dégustation, vente directe et expéditions)
29620 Guimaec
Tel : 02 98 67 50 02

Les Celtes ont été des buveurs de cervoise, avant d'être producteur et amateur de cidre. Ce sont les moines qui auraient introduit la pomme et la vigne en Armorique, mais c'est à partir du XIVe siècle que le « vin de pomme » supplantera la cervoise dans les habitudes des Bretons. De Charles IX à la Ve république, les gouvernements subventionneront la plantation puis l'arrachage des pommiers.

Il n'existe pas une mais de nombreuses variétés de pommes à cidre : la Marie Ménard, la Fréquin blanc, la Launette, la Guillevic et bien d'autres donnent au cidre des goûts qui varient en fonction du mélange des variétés et de la méthode de production. On compte en Bretagne environ deux millions de pommiers traditionnels. Le ramassage des pommes commence au début de l'automne. Elles restent stockées quelque temps pour prendre du goût, du corps avant d'être pressées. Le jus recueilli dans une cuve est ensuite mis en barrique de chêne ou de châtaignier pour permettre la fermentation. Cette étape est plus ou moins longue en fonction du degré d'alcool que l'on veut obtenir. Le cidre « bouché » est mis en bouteille de type champenoise, solidement fermée pour une seconde fermentation. Le cidre brut convient plutôt au début des repas, le cidre doux plutôt aux desserts. Il est également utilisé dans les recettes de cuisine comme le poulet au cidre par exemple.

Toute la Bretagne produit du cidre. Les lieux de production les plus connus sont Messac en Ille-et-Vilaine, Pleudihen dans les Côtes d'Armor, la vallée de la Claie dans le Morbihan et le pays de Fouesnant dans le Finistère. Chaque année certains d'entre eux gagnent des médailles au Concours Général Agricole de Paris mais seul le cidre de Cornouaille bénéficie du label AOC (appellation d'origine contrôlée) ; son terroir est strictement limité à 38 communes situées dans le pays bigouden, la vallée de l'Aven, le pays de Clohars-Carnoët et la vallée de l'Aulne. Ample et doux-amer il atteint sa plénitude d'avril à octobre.

C'est le cidre du domaine de Kervéguen à Guimaec dans le Finistère-nord qui a été sélectionné pour être servi sur la table de l'Élysée ! Les nombreuses crêperies ont remis au goût du jour cette boisson désaltérante et peu alcoolisée (4,5° d'alcool en général). Un regain d'intérêt pour la pomme a permis la sauvegarde d'espèces en voie de disparition.

Fermier
Normandie
Guillaume
Legrand

Avant de traverser la Rance, la route côtière passe à Saint-Servan, qui est avec la cité d'Alet, le plus beau point de vue sur la ville close. Sur l'anse Solidor, la tour du même nom, construite au XIVe siècle domine l'embouchure de la Rance et abrite le petit musée international des cap-horniers.

Derrière le barrage de la Rance, Dinard, surnommée la perle de la côte d'Émeraude, est une station balnéaire où tout est fait pour séduire et distraire les estivants : plages de sable fin, pointes du Moulinet et de la Malouine surmontées d'imposantes villas aux noms anglais, hôtels de luxe, casino et piscine d'eau de mer chauffée dominant la grande plage ; ces somptueux décors laissent aisément imaginer la grande vie que menaient, ici, les aristocrates fortunés. Du barrage de la Rance jusqu'à Saint-Lunaire, sa voisine, c'est par le chemin des douaniers que l'on découvre le plus agréablement Dinard, alors que la promenade de la Digue si calme l'hiver est le lieu de rencontre de tous les estivants. Un autre lieu que l'on ne manquerait pour rien au monde est le marché du samedi matin où les gourmets trouveront les meilleurs produits de la mer et du terroir.

Toutes les villas du bord de mer à Dinard ont un charme très anglais que leurs propriétaires préservent soigneusement. Elles sont désormais classées et ne seront plus la proie des promoteurs.

En continuant vers l'ouest, Saint-Enogat, le berceau de Dinard, fut autrefois fréquentée par les écrivains et les artistes : Judith Gautier, la fille de Théophile, y construisit sa villa face à l'océan

et Claude Debussy, son hôte, y composa *La Mer.* La petite rivière du Frémur sépare Saint-Briac de Lancieux, l'Ille-et-Vilaine des Côtes d'Armor. La côte d'Émeraude continue jusqu'au Cap Fréhel que l'on aperçoit la nuit de très loin, car son puissant phare porte jusqu'à 110 kilomètres. Le sentier de corniche permet d'observer les oiseaux de cette impressionnante réserve ornithologique. À côté du cap Fréhel, le fort La Latte dont la construction date du XIVe siècle, n'est accessible que par un pont-levis. Le site est tellement spectaculaire que de nombreux cinéastes y ont trouvé le décor de leurs films : citons *Les Vikings* de Richard Fleischer et *Les Chouans* de Philippe de Broca. C'est une des plus belles sentinelles de cette côte qui fut si longtemps convoitée par nos voisins d'outre-Manche.

À Rothéneuf, ces étranges personnages sculptés dans le roc ont chacun leur histoire.

Barque au repos dans un méandre de la Rance.

Page de droite : Ruine d'un moulin à marée sur un bras de la Rance.

AUTHENTIQUE, BEAU ET RUDE À LA FOIS, CE PAYS EST À L'IMAGE DES GENS QUI L'HABITENT : DE CARACTÈRE FORT, DISCRETS ET PAS TOUJOURS FACILES À APPRÉHENDER, ILS SONT POURTANT VRAIS ET PASSIONNANTS. LA CÔTE POSSÈDE DE HAUTES FALAISES AUX COULEURS ÉTONNANTES ET OFFRE PARFOIS DES CHAOS DE ROCHERS PROPICES À TOUTES LES LÉGENDES. L'ARGOAT, AU SUD, EST UN PAYS SECRET QUI ABRITE NOMBRE DE MANOIRS, DE CHÂTEAUX, ET DE CHAPELLES AUX RICHESSES MAL CONNUES.

Les Côtes d'Armor

Avant d'atteindre la baie de Saint-Brieuc, Saint-Cast, la station aux sept plages, est une destination estivale très prisée. Les armoiries de la ville décorées de lys et d'hermines rappellent le mariage d'Anne de Bretagne et de Charles VIII. Les jolies villas de la pointe de la Garde et du quartier des Mielles datent de la fin du XIXe siècle et son petit port permet aux pêcheurs et aux plaisanciers de mouiller en eau profonde.

Erquy, posté comme une sentinelle à l'entrée de la baie de Saint-Brieuc est le port le plus actif pour la pêche à la coquille saint-jacques. Tous les ans, en avril, la fête de la coquille rassemble, le long des quais, tous les amateurs de ce délicieux coquillage. Symbole important dans le monde de la chrétienté depuis le XIe siècle, cette généreuse coquille devient, à partir de la Renaissance, un élément décoratif architectural important :

Dominant la vallée du Gouët et le port du Légué, Saint-Brieuc doit son nom à un moine gallois venu évangéliser la Bretagne à la fin du VIe siècle.

La baie de Saint-Brieuc est l'un des premiers espaces maritimes pour la pêche à la coquille saint-jacques.

Pages suivantes : Les bateaux échoués sur leurs bouées attendent la marée montante avec un petit air penché.

SM 835670
SM 608901
SM 434582

SM877253
SM402809

LERODAC

Bienvenue à Bréhat, le charme discret d'une île de granite rose. Ici, les rochers font partie intégrante du paysage.

sculptée au-dessus des lucarnes et des portes, elle embellit, dans la région de Saint-Brieuc, le mobilier rural.

Au fond de sa baie, Saint-Brieuc, ville traversée par le Gouët et le Gouëdic domine le petit port du Légué où de vieilles maisons se dressent le long des quais : maisons d'armateurs et greniers à sel transformés en ateliers d'artiste témoignent d'une époque où Le Légué armait pour la pêche à la morue, importait du sel et du vin et exportait les toiles de lin fabriquées à Quintin, à Moncontour ou à Uzel. En ville, le quartier de la cathédrale est le cœur historique cette agglomération. Véritable forteresse, la cathédrale, a été construite au XIVe pour résister aux assauts des Anglais qui avaient eu raison du précédent édifice religieux de style roman. À l'intérieur, le retable du sculpteur trégorrois Yves Corlay (1700-1776) est sans doute le plus beau du genre dans toutes les Côtes d'Armor. Autour de cet imposant monument, le vieux Saint-Brieuc est à découvrir au hasard des ruelles : maisons à pans de bois dont l'hôtel des Ducs de Bretagne et la maison du Ribeault comptent parmi les plus richement décorées. Les ponts au-dessus des vallées permettent de découvrir les petites rivières et au loin, la tour de Cesson se dresse au cœur de cet immense panorama, avec la mer pour ultime horizon.

Né au Moyen Âge, le Tro Breiz est un pèlerinage qui emmenait les croyants autour de la Bretagne afin d'aller prier devant les reliques des sept saints et évêques fondateurs de l'Église armoricaine.
Il fallait, au moins une fois dans sa vie, faire son Tro Breiz pour gagner le paradis.

Le *Tro Breiz*

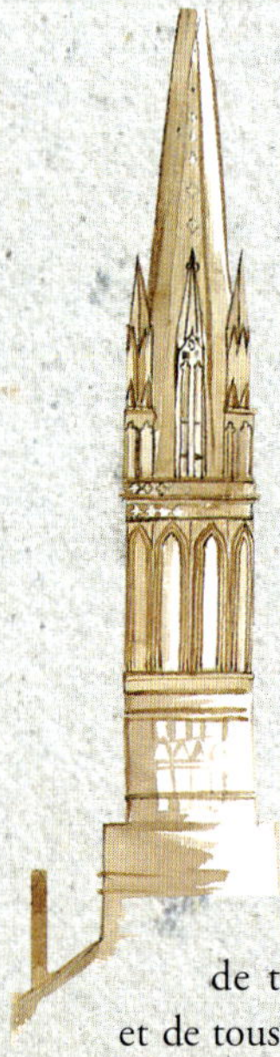

Cette dévotion connut son apogée aux XVe et XVIe siècles, époque où l'architecture religieuse en Bretagne est particulièrement riche: cathédrales, chapelles, calvaires, ossuaires et fontaines sortent de terre pour la gloire de Dieu et de tous les saints bretons. Les siècles suivants verront ce pèlerinage disparaître progressivement.
Il connaît actuellement un renouveau et le nombre de pèlerins qui se lancent à pied sur les routes de la Bretagne, prouve que l'âme profondément religieuse de ce pays est toujours une réalité.

L'ITINÉRAIRE

Le trajet de plus de 500 kilomètres se faisait à pied, généralement en groupe: clergé en tête, hommes et femmes, riches et pauvres, vieillards et malades, tous s'élançaient en procession dans ce périple qui durait à peu près trente jours, partageant une réelle fraternité. Les ducs de Bretagne dont Jean V, se sont lancés sur les routes comme leurs plus humbles sujets. Aucun document ne permet d'affirmer dans quel sens se faisait ce tour de Bretagne. L'itinéraire suivait les anciennes voies romaines le long desquelles, fontaines, calvaires et chapelles balisaient le chemin. Des troncs, placés le long du trajet étaient destinés à recevoir des oboles qui servaient à l'entretien des routes par les habitants des paroisses traversées. Les pèlerins allaient ainsi prier saint Samson à Dol de Bretagne, Saint Malo et Saint Brieuc dans leurs villes respectives, Saint Tugdual à Tréguier, saint Pol Aurélien à Saint-Pol-de-Léon, Saint Corentin à Quimper et Saint Patern à Vannes.

L'ORGANISATION

Autrefois, le pèlerinage avait lieu aux quatre temporaux, c'est-à-dire aux alentours de Pâques, de la Pentecôte, de la Saint Michel et de Noël, époques où les reliques des saints étaient présentées aux pèlerins. Sur le bord des routes, de nombreuses chapelles, certaines d'entre elles ayant des cheminées, permettaient de trouver un pieux abri en cas d'intempéries. L'organisation des étapes était généralement assurée par les moines car il fallait se nourrir, dormir, se laver, parfois se soigner et même mourir et être enterré en cours de route. Les moines bien souvent assuraient aussi le « passage » des rivières et de nombreuses aumôneries, faisant office d'auberges furent construites à cette occasion.

AUJOURD'HUI

Les Bretons qui ont toujours eu l'âme voyageuse ont repris, depuis plusieurs années, la route du *Tro Breiz*. Une association organise chaque année une ou plusieurs étapes de cette antique quête du paradis. Le *Tro Breiz 2000* aura évidemment un faste et une affluence tout à fait exceptionnels.

POUR TOUT SAVOIR

Les chemins du Tro Breiz
12, rue Cadiou
29250 Saint-Pol-de-Léon
Tel: 02 98 69 11 80

BARREAUX DE
FRANCE
MCMXXXVII
PAR JEAN V

Les Sept SAINTS
du
TRO BREIZ

La route côtière plus longue mais plus charmante conduit à Paimpol, le port des « Islandais » surnom donné aux marins qui partaient pêcher la morue en mer d'Islande. Chanté par Théodore Botrel avec sa célèbre *Paimpolaise* et décrit par Pierre Loti dans *Pêcheurs d'Islande*, Paimpol garde une place importante dans notre histoire maritime. Tous les deux ans, la ville renoue avec la tradition en organisant un festival des chants de marins. Si, aujourd'hui, le port est de plus en plus celui de la plaisance, les maisons d'armateurs comme le repaire de Kerroc'h et le petit musée de la Mer rappellent le passé prestigieux de ce port de pêche. Les amateurs de ruines romantiques préféreront l'abbaye de Beauport dont une partie, à ciel ouvert, invite à la méditation. En bordure de mer, cette abbaye fut une étape importante pour les moines irlandais ou écossais qui débarquaient ici avant de continuer leur route vers Compostelle.

Les orgues réalisées au milieu du XVIIe siècle pour l'abbaye de Bégard ont été transportées à Tréguier au XIXe siècle.

Pages précédentes : En pleine ville, le cloître accolé à la cathédrale de Tréguier apporte un moment de sérénité au voyageur ou au pèlerin.

C'est à la pointe de l'Arcouest que l'on embarque pour Bréhat, archipel de granite rose, flamboyant dans le soleil. Impossible de ne pas être séduit par cette escale qui jouit d'un climat exceptionnellement doux. Ici, pas de voiture : l'île principale se visite à pied ou à vélo. « L'île aux fleurs », Bréhat mérite bien son surnom car le *Gulf Stream* y apporte une douceur toute l'année et la nature y est exubérante : les agapanthes et les hortensias sont toujours plus beaux que ceux du continent et les plantes méditerranéennes comme les aloès, les mimosas ou les eucalyptus y poussent avec bonheur.

La promenade sur l'île commence à Port Clos où la vedette accoste : l'hôtel Bellevue orienté plein sud y accueille le voyageur. Il faut marcher au gré de sa fantaisie : l'île ne fait que 3,5 kilomètres de long et il est impossible de s'y perdre. Dans le bourg, l'église du XVIe siècle, entourée de son cimetière est charmante.

Sur la plage, le célèbre oratoire Saint-Guirec où les jeunes filles allaient autrefois faire une prière dans l'espoir de se marier dans l'année.

La côte déchiquetée de Plougrescant subit l'assaut de la mer et des vents dominants.

Page de gauche : Villa solitaire au milieu du chaos rocheux de Ploumanac'h.

« DÉFENSE DE CRACHER PAR TERRE ET DE PARLER BRETON ».
CET ÉCRITEAU, ACCROCHÉ DANS TOUTES LES ÉCOLES DE BRETAGNE, MONTRE AVEC QUELLE FORCE LE POUVOIR CENTRAL DE LA IIIE RÉPUBLIQUE A VOULU SUPPRIMER UNE LANGUE QUI EST LE VÉHICULE DE TOUTE UNE CULTURE.
SOUS PEINE DE BRIMADES, LES ENFANTS, À L'ÉCOLE, AVAIENT INTERDICTION DE PRONONCER LE MOINDRE MOT EN BRETON.

La langue bretonne

La langue bretonne revient en force. Dans cette école, il est permis et même fort conseillé de parler et d'écrire le breton.

APPRENDRE LE BRETON

- **Skol an Emsav**
(cours et stages intensifs de breton)
8, rue Hoche
35000 Rennes
Tel : 02 99 38 75 83
- **Skol ober**
(le breton par correspondance)
Gwaremm Leurven
22310 PLUFUR
Tel : 02 96 35 10 22

QUELQUES MOTS

Degemer mat : bienvenue
Yehed mad : à votre santé
Bloavez mad : bonne année
Kénavo : au revoir
Kreiz keir : centre ville
Mor : mer (Armor : pays de la mer i.e. Bretagne côtière ; Morbihan : petite mer)
Coat : bois (Argoat : pays des bois i.e. Bretagne intérieure)
Gwenn : blanc
Du : noir (*le gwenn ha du* est le drapeau breton blanc et noir)

Le breton est la dernière langue celtique utilisée sur le continent européen. Il possède beaucoup de similitudes avec les autres langues celtes notamment le gallois. Comme dans toutes les langues, il existe des particularismes en fonction des régions : le Trégor, le Léon et la Cornouaille parlent sensiblement le même breton alors qu'il est différent dans le pays vannetais et qu'en Haute-Bretagne on parle le gallo d'origine romane.

La première œuvre importante en breton fut le *Catholicon*, dictionnaire breton français latin écrit en 1464 et destiné aux clercs peu cultivés pour leur apprendre le français et le latin : à cette époque, seul le clergé savait écrire le breton. En 1869, Hersart de la Villemarqué écrit le *Barzaz-Breiz* (chants populaires de Bretagne) : la littérature bretonne devient alors profane.

Depuis, bon nombre d'auteurs, historiens, poètes et romanciers font honneur à la langue bretonne grâce à des éditeurs et à des libraires spécialisés qui en assure la promotion. Quant à la langue parlée, elle n'a pas dit son dernier mot ! Après un abandon progressif de la langue bretonne, lié aux nécessités économiques de l'après-guerre où il fallait parler français pour aller à l'armée ou pour « monter » à Paris chercher du travail, celle ci renaît de ses cendres grâce à l'initiative de Bretons convaincus.

C'est en 1977 que Denez Abernot, créateur de *Diwan* initie ses premiers élèves à la langue bretonne. Depuis les écoles *Diwan* se sont multipliées et proposent des classes bilingues de la maternelle au baccalauréat. À Rennes, pour les adultes, *Skol an Emsav* proposent des cours du soir. désormais, le breton se parle et se chante de plus en plus. C'est un moyen de retrouver ses racines et de montrer sa volonté de lutter contre l'uniformisation des cultures. Sur les routes, le bilinguisme est rentré dans les mœurs : les noms des villes et des départements sont affichés en breton et en français. La langue bretonne est présente également sur 14 radios, à la TV avec France 3 et le projet de la chaîne câblée « TV Breizh » sera un événement.

mozart
ou
oñ
1- ar bisig
laezh
askorn
greun-greun
soubenn-soubenn
geot geot
kerc'h kerch
4- kerzh da

Kezeg houarn
urvoas

SPEZET

D 117
45 QUIMPER KEMPER
9 CHATEAUNEUF du FAOU KASTELL NEVEZ AR FAOU
10 Parc et Château de Trévarez
0.6 Chapel ar C'hrann

À l'ouest, la croix Saint-Michel domine l'archipel et le petit moulin à marée se mire dans les eaux de l'étang de Birlot. Le pont Vauban, conduit à la partie nord de l'île, plus sauvage et moins fréquentée. Le phare du Rosédo et, tout au nord, sur son promontoire de granite rose, le phare du Paon signalent l'archipel aux navigateurs.

Véritable petit paradis, les écrivains et les artistes ont toujours fréquenté cette île où ils trouvent l'inspiration mais aussi les charmes d'une vie simple et tranquille, loin des mondanités.

Sur ses 350 kilomètres de côtes, les Côtes d'Armor offrent parfois des surprises et des particularités. Dans sa partie la plus sauvage et la plus exposée aux vents, au nord de Pleubian, le pays des ramasseurs de goémons, le Sillon de Talbert reste une curiosité géologique. Constitué uniquement de sable et de galets amenés par la houle, il s'avance dans la mer sur 3 kilomètres. En traversant Pleubian pour rejoindre Tréguier, on peut admirer un monument original, assez rare en Bretagne: une chaire à prêcher extérieure construite en granite et ornée de bas-reliefs sculptés dans la pierre représentant des scènes de la Passion du Christ. C'est en passant au-dessus du Jaudy, charmante rivière soumise aux aléas de la marée, que l'on quitte le Goëlo pour rentrer dans le Trégor.

Énormes et débonnaires avec leurs formes arrondies, à Ploumanac'h, tous les rochers ont un nom.

Le phare de Ploumanac'h, reconstruit après la guerre, est accessible par le sentier des douaniers.

Pages suivantes: Dominant la plage de Ploumanac'h, la chapelle Saint-Guirec, bâtie, dit-on, par les moines de Bégard au XIVᵉ siècle, a été remaniée plus tard.

La route longe le petit port de Tréguier qui connut son âge d'or au XVe siècle en commerçant avec Bordeaux et l'Angleterre. Aujourd'hui ce sont les plaisanciers qui remontent la rivière. Créée par l'évêque Saint Tugdual, la ville est maintenant sous la protection de Saint Yves né en 1253 à quelques pas de là. Au-dessus de la rivière, elle rayonne autour de sa cathédrale gothique, construite au XIVe siècle, l'une des plus belles de Bretagne. Si l'on entre par le porche des cloches, on est accueilli par Saint Yves traditionnellement placé entre le riche et le pauvre qu'il protège. Le cloître aux quarante arcades inspire la sérénité tandis que la flèche ajourée, du XVIIIe siècle, donne de l'élan à ce chef-d'œuvre d'architecture. Ceux qui aiment l'animation choisiront le mercredi pour visiter Tréguier : c'est le jour du marché et tout autour de la cathédrale, les produits locaux et la musique sont à l'honneur. En longeant la rive gauche du Jaudy, on atteint la baie d'Enfer, jadis refuge des contrebandiers.

Caprice de la mer et des vents, le Sillon de Talbert reste une curiosité unique en son genre.

À la fin du XVe siècle, le pardon des fautes et l'obtention d'indulgences étaient accordés à date fixe dans certaines églises ou chapelles.
Peu à peu, les pardons s'étendront aux églises, chapelles ou fontaines dédiées à Sainte Anne, la patronne des Bretons, à Notre-Dame ou aux nombreux saints bretons venus d'Irlande et du Pays de Galles pour la plupart.

Les Pardons

Pour la procession, après la grand-messe, les Bretons ont revêtu leurs plus belles tenues. C'est un privilège, mais aussi un exploit, de porter, à bout de bras, les magnifiques bannières brodées.

Les prières et les vœux des pèlerins donnaient souvent aux pardons une vocation particulière : saints protecteurs des marins, des animaux, saints guérisseurs étaient invoqués pour obtenir protection ou guérison. Quel que soit le saint ou la sainte fêtée, ce jour était l'occasion, pour les Bretons, d'arborer leurs plus beaux costumes de fête et de se retrouver dans la procession, bannières en tête, pour faire honneur à leur paroisse.

DÉROULEMENT D'UN PARDON

Le rituel était sensiblement le même dans toute la Bretagne : veillée de prières et de confessions suivies, le lendemain, d'une grand-messe en présence de l'évêque pour les pardons les plus importants, des vêpres et d'une procession. Une fête profane mettait généralement fin au pardon.

Les pèlerins, venus souvent de très loin, à pied ou par la mer, parfois pieds nus en signe de pénitence, munis de cierges spécialement décorés pour l'occasion, assistaient à la grand-messe qu'une longue prédication et des cantiques, en breton bien sûr, rendaient plus solennelle. De nombreux mendiants accouraient eux aussi et attendaient devant le porche de l'église, espérant, en un jour pareil, une généreuse obole.

Les vêpres et la procession avaient lieu l'après-midi : croix, bannières brodées, statues portées sur des brancards, reliquaires et ex-voto ouvraient la procession dont le parcours immuable pouvait atteindre plusieurs kilomètres. Dans les ports, les bateaux décorés sur lesquels embarquaient les ecclésiastiques et la bénédiction de la mer donnaient au pardon un caractère plus émouvant encore, le souvenir des péris en mer et l'appréhension des prochains départs étant présents à l'esprit de chacun.

Après la procession, la fête profane pouvait enfin commencer : boutiques, danses, jeux, compétitions, feux de joie et parfois bagarres mettaient un terme au pardon qui durait parfois plusieurs jours.

LES PARDONS REMARQUABLES

Dans les Côtes d'Armor :
Tréguier : pardon de Saint Yves (3e dimanche de mai) : Saint Yves, patron des avocats. Son pardon est toujours très fréquenté, avocats en tête de la procession.

Dans le Finistère :
Locronan : le pardon de la Troménie (2e dimanche de juillet) où l'on vient prier Saint Ronan : tous les ans, la petite Troménie et tous les six ans la grande Troménie dont la procession se déroule sur 12 kilomètres.
Sainte-Anne-la-Palud (dernier dimanche d'août) : c'est un des plus anciens pardons de Bretagne ; on vient y prier sainte Anne, la patronne de tous les Bretons.

Dans le Morbihan :
Guern : pardon de Notre-Dame-de-Quelven (15 août) : après la procession, un ange descend du clocher et allume, avec son flambeau, un feu de joie.
Sainte-Anne d'Auray : pardon de Sainte Anne (26 juillet) : haut lieu de la foi bretonne, le pape Jean Paul II s'y rendit en 1996.

PL 648820
SB 737

La baie d'Enfer annonce une côte sauvage et déchiquetée qui est impressionnante les jours de tempête quand la mer affronte inlassablement les milliers d'îlots parsemés de part et d'autre de la pointe du Château au nord de Plougrescant. Le contraste est total lorsqu'on pénètre dans le parc du château de Kergrec'h qui propose des chambres d'hôte très luxueuses, dans un calme absolu.

Au pied du phare, à Erquy, la marine en bois est au repos. La pêche à la coquille saint-jacques, dans la baie de Saint-Brieuc, se fait à l'aide de dragues.

La côte de Granite Rose, de Perros-Guirec à Trébeurden en passant par Ploumanac'h et Trégastel est un miracle de la nature. Une fois de plus, les paysages changeants et contrastés des Côtes d'Armor séduisent et fascinent. Ici, les rochers sont roses et énormes, aux formes arrondies, posés et superposés dans un savant désordre. Chaque rocher a une forme, une histoire ou une légende ; il y en a forcément un qui est fait pour vous, promontoire pour rêveur impénitent ou abri contre les vents malicieux. Au large, les Sept Îles, l'une des plus belles réserves ornithologiques de Bretagne, se laissent découvrir à distance pour ne pas déranger les fous de Bassan et autres guillemots de Troil. Le hameau de Ploumanac'h est le fleuron de cette côte énigmatique que la fureur des vents et des tempêtes a sculptée. Le sentier des douaniers est le plus beau parcours pour découvrir cet étonnant et somptueux cadeau de la nature.

La rivière de Morlaix marque la frontière entre le Trégor et le Léon, dont les Monts d'Arrée et l'Elorn marquent la limite méridionale. Ce pays reste celui des contrastes : la côte y garde une beauté sauvage, parsemée de petits ports ancrés au fond des abers et des rivières hospitalières. C'est aussi dans le Léon que l'architecture religieuse possède la plus belle concentration d'enclos paroissiaux.

Le Léon

Venant du Trégor, arriver à Morlaix par la route côtière permet de découvrir la magnifique baie qui conduit au port de cette ville au passé riche et agité. Le cairn de Barnenez, dominant la mer, atteste de l'occupation lointaine de ce site. Lui faisant face de l'autre côté de la baie, le château du Taureau fut la réponse des Morlaisiens aux Anglais qui avaient mis à sac leur ville en 1522 : la devise de la ville n'est-elle pas « S'ils te mordent, mords-les » ! Restauré par Vauban, ce fort devint une prison d'État au XVIIIe siècle. Morlaix s'est développé de part et d'autre de sa rivière encaissée et c'est en lisant le livre merveilleux de Michel Le Bris *Un hiver en Bretagne* que l'on se met à aimer cette ville, ses environs et surtout ses habitants qui ont toujours eu des destins hors du commun. Morlaix garde des traces de son passé

À Morlaix, la permanence amicale des anciens marins : un repos bien mérité.
Page de droite : maisons anciennes, place des Otages.
Pages suivantes : dans la baie de Morlaix, le château du Taureau, impassible, attend une nouvelle occupation.

Salon de thé MARTIN Pâtissier Salon de thé
DROGUERIE

commercial et maritime : les bateaux chargés de lin quittaient ses quais pour l'Espagne et le Portugal. Le commerce y fut prospère et les fameuses « maisons à lanterne », alliant boutique sur la rue et maison privée autour d'un patio, montrent que les commerçants tenaient à l'époque le haut du pavé ! La Manufacture des tabacs, construite au XVIIIe siècle au bord de la rivière fabriquait des chiques pour les marins, de la poudre à priser et des cigares, mais son activité est actuellement remise en cause.

La route qui conduit à Carantec suit les méandres de la rivière d'où l'on devine de magnifiques propriétés à l'abri de grands murs de pierres. Carantec, sur sa pointe, se prolonge par l'île Callot dont la route n'est accessible qu'à marée basse.

L'Aber-Wrach se vide et se remplit au rythme des marées.

BREST

La chapelle Notre-Dame qui s'y dresse fut de tout temps un lieu de pèlerinage pour les marins : au XVIIIe siècle, les corsaires morlaisiens la saluaient d'un coup de canon, avant d'aller à l'abordage des vaisseaux anglais et de leurs cargaisons !

Vers l'ouest, la campagne change d'aspect : région maraîchère par excellence, la « ceinture dorée » utilise toutes les bonnes terres pour produire artichauts, choux-fleurs « Princes de Bretagne » et autres primeurs grâce à son climat particulièrement doux. Le paysage y perd en beauté, raison de plus pour suivre la côte. Dans ce pays plat, les clochers de Saint-Pol-de-Léon aux flèches ajourées servent de point de repaire avant d'atteindre Roscoff et l'île de Batz qui lui fait face.

Ancien nid de corsaires, Roscoff est devenu, à partir du XIXe siècle, le port des « Johnnies », ces roscovites qui partaient en Angleterre avec leurs bottes d'oignons pour les vendre en faisant du porte à porte.

L'Elorn et ses abords : un des charmes du Parc Naturel Régional d'Armorique. Devant ce petit manoir breton, les saumons de l'Atlantique remontent l'Elorn afin de se reproduire.

Plus on avance vers l'ouest de la Bretagne, plus les calvaires, ces croix de granite sculpté, se multiplient aux carrefours de petites routes, au détour d'un chemin, à côté d'une modeste chapelle ou à l'intérieur d'un enclos paroissial. Rares en ville, ces calvaires attestent de la foi profonde et naïve des habitants de la campagne et de la côte.

Les Calvaires

Pour autant qu'on puisse les dater, ces calvaires ont été construits entre 1450 et 1650. Le plus ancien, peut-être le plus beau et le plus émouvant, est celui de Tronoën, face à la mer et perdu au fond de la Baie d'Audierne. Un des derniers est sans doute celui de l'enclos de Saint Thégonnec, près de Morlaix.

Œuvres d'architectes et de sculpteurs ou « ymageurs » restés pour la plupart anonymes, les calvaires ont subi au cours des siècles des remaniements et des restaurations parfois discutables ; ils étaient, à l'origine, polychromes mais les affres du temps ont remis le granite à nu, ce qui n'enlève rien, bien au contraire, au caractère émouvant de l'ensemble. Les plus modestes, posés ou non sur un simple socle, représentent généralement le Christ en croix d'un côté et, de l'autre, la Vierge Marie. Les plus élaborés sont posés sur un socle imposant de forme carré, rectangulaire, rond, triangulaire, octogonal et même cruciforme et en arc de triomphe comme à Pleyben. Sur le socle, la croix du Christ est souvent accompagnée par les croix des deux larrons : ces croix peuvent être simples ou à croisillons mais, même surchargé, l'ensemble reste toujours harmonieux. Sur le socle et au pied des croix, les personnages et les scènes sculptées évoquent l'Ancien Testament mais surtout épisodes de la vie et de la passion du Christ.

Au milieu du XVIe siècle, certains calvaires furent édifiés dans les communes épargnées par une terrible épidémie de peste en remerciement de la protection divine. On peut citer en exemple ceux de Plougastel-Daoulas et de Kerdévot près de Quimper.

Les sculpteurs de ces calvaires tout à fait uniques dans le monde de la chrétienté, alliaient naïveté et élégance, se permettant des fantaisies anachroniques plus touchantes que choquantes : ainsi, à Plougastel, les Rois Mages, comme les croisés, portent une croix sur la poitrine et on pourrait multiplier les exemples. Si naïves qu'elles soient, ces œuvres témoignent d'un grand talent porté par une ferveur que l'on retrouve dans tous les monuments religieux de la Bretagne profonde.

CALVAIRES REMARQUABLES

- **Dans le Finistère :**
Tronoën, Pleyben, Plougastel-Daoulas, Guimiliau, Saint-Thégonnec, Plougonven et Kergrist-Moelou.
- **Dans le Morbihan :**
Guéhenno, Melrand
- **À savoir :**
La « lecture » des scènes sculptées sur les calvaires se lit dans le sens inverse des aiguilles d'une montre.
La SPREV (Sauvegarde du Patrimoine Religieux en Vie) organise des visites commentées, en été, pour les calvaires les plus importants.
Renseignements au 02 98 64 58 81
(9, rue du Frout 29000 Quimper)

Sur le port, dans l'ancienne chapelle Sainte-Anne, un petit musée retrace l'histoire de cette originale épopée qui s'achèvera vers 1939. En face, l'île de Batz est restée fidèle à ses activités traditionnelles et le tourisme ne l'a guère transformée. Les champs sont cultivés avec soin par une grande partie des îliens encore agriculteurs. Le *Gulf Stream* couvre l'île de ses bienfaits : les primeurs ont parfois un mois d'avance sur ceux du continent et à la pointe de Pen ar Cheguer, le jardin de M. Delaselle est planté de palmiers et de plantes tropicales qui s'y développent avec bonheur. L'île est merveilleuse. On y accède par bateau et l'on s'y promène à pieds au hasard des chemins qui sillonnent les terres et longent la mer. Il faut lire à Batz les poèmes de Tristan Corbière (1845-1875) qui vécut à Roscoff et dont les vers évoquent si bien l'esprit de ces lieux et la beauté de ces paysages. Dernière partie de la côte bordée par la Manche, le Pays des Abers est formé de trois vallées fluviales envahies par la mer. Protégés des vents dominants, ce sont des abris naturels qui contrastent avec la côte rude exploitée par les ramasseurs de goémon. L'Aber-Wrach, le plus au nord est aussi le plus grand de cette « côte des légendes ».

L'enclos paroissial de Guimiliau. Sur le calvaire, vingt-cinq scènes racontent la vie et la passion du Christ. L'orgue date de la fin du XVIIe siècle. Les douze apôtres sont représentés sur le baptistère. À l'intérieur de son enclos, l'église renferme un mobilier d'une étonnante richesse pour un si modeste bourg.

Si son accès est dangereux par mauvais temps ou lorsque la brume l'envahit, il est navigable jusqu'au pont de Paluden et bordé de plages splendides. Il faut poser son sac à l'hôtel de la baie des Anges : la vue sur le large et l'accueil chaleureux vous y retiendront, tout comme les copieux petits déjeuners fournis par Michel Izard, le célèbre boulanger de Lannilis.

Après avoir traversé Sizun, Landivisiau, La Roche-Maurice et Landerneau, l'Elorn se jette majestueusement dans la rade de Brest. Landerneau est la seule ville en France, avec Narbonne, à posséder un pont bâti et habité jour et nuit : le pont de Rohan. En remontant vers sa source, l'Elorn atteint les Monts d'Arrée, dans la Bretagne intérieure, plus secrète et moins fréquentée. Sur un des points culminants, à Saint-Michel-de-Brasparts, on découvre des paysages désolés et parfois lunaires quand la roche fait irruption vers le ciel.

Pages précédentes : dans le cimetière de l'île de Batz, les croix contemplent la mer sereinement. Au nord-ouest de l'île, la côte est sauvage et désolée. Le royaume des rochers appartient aux goélands. Il vaut mieux le connaître pour s'y aventurer.

« Krampouz » peut se traduire par crêpe en Basse-Bretagne ou par galette en Haute-Bretagne. Le plus souvent aujourd'hui, nous appelons « galettes » celles qui sont préparées avec du blé noir ou sarrasin servies salées et « crêpes » celles qui sont à base de froment servies sucrées. Épaisses et nourrissantes en Ille-et-Vilaine, elles sont beaucoup plus fines et plus légères dans le Finistère.

Crêpes et galettes

Le blé noir est originaire de la Chine et du Japon. Sa production s'est déplacée vers le bassin méditerranéen et sera rapportée en France par les croisés (d'où le nom de sarrasin) au XIIe siècle. La duchesse Anne de Bretagne en popularisa la consommation dans tout son duché. Cette spécialité bretonne, autrefois considérée comme le plat du pauvre, est devenue un plat apprécié par tous.

Le blé noir n'est pas une céréale mais une plante verte à fleur blanche qui fait partie de la famille des polygonacées, comme l'oseille ou la rhubarbe, d'où son absence de gluten et sa richesse en magnésium et en phosphore. La production progressivement abandonnée en Bretagne au profit des importations de Chine, reprend actuellement du terrain. Citons la marque « La Harpe Noire » (minoterie Le Stunff à Seglien dans le Morbihan) qui garantit que tout le blé noir qu'elle produit est cultivé en Bretagne. Autrefois, on mangeait la galette en morceaux trempés dans du lait ou simplement beurrée et accompagnée d'une saucisse grillée. Aujourd'hui les crêperies qui fleurissent un peu partout en Bretagne rivalisent d'imagination pour assortir les galettes de produits du terroir ou de la mer. La crêpe de froment, plus noble, se déguste froide ou chaude avec beurre, confitures ou toute autre préparation sucrée. On peut l'aimer moelleuse ou *kraz* c'est-à-dire bien dorée. À Dinan, dans les Côtes d'Armor, la marque « Gavotte » propose des crêpes-dentelle, délicatement enroulées et craquantes pour accompagner les desserts.

Préparer des crêpes ou des galettes demande un réel savoir-faire. La pâte bien délayée doit reposer une à deux heures avant d'être utilisée; ensuite, il faut un sacré tour de main pour étendre la quantité de pâte adéquate (ni trop, ni trop peu) sur la *billig* (galetier en fonte chauffé au gaz), savoir l'étendre en faisant tourner le *rozell* (raclette) pour bien répartir la pâte, la décoller sans la déchirer et la retourner à l'aide du *spanell* (spatule). Il reste à garnir l'intérieur et à refermer les quatre bords avant de la servir. Le mieux pour se désaltérer, pendant un repas de crêpes est bien sûr une bonne bolée de cidre doux ou brut selon les goûts, fermier de préférence. D'autres pourront préférer le lait baratté au goût aigrelet pour renouer avec le repas traditionnel de nos campagnes.

Spécialité bretonne par excellence, les crêpes étaient autrefois considérées comme le plat du pauvre.

OÙ SE RÉGALER

Sur tous les marchés, il est possible de se régaler d'une bonne galette-saucisse préparée sous vos yeux.
Citons trois adresses parmi tant d'autres :

- **Crêperie du Corps de Garde**
  sur les remparts de Saint-Malo (35400)
  Tel : 02 99 40 91 46
- **Crêperie Les Vieux Gréements**
  Port de plaisance à Perros-Guirec (22700)
  Tel : 02 96 91 14 99
- **Crêperie de la Ferme :**
  16, rue Guerneo à Roudouallec (56110)
  Tel : 02 97 34 53 97

Les bons marcheurs peuvent suivre la route des crêtes, d'autres préféreront peut-être les découvrir à cheval.

C'est de part et d'autre de la vallée de l'Elorn que se trouve la plus belle concentration d'enclos paroissiaux. Œuvres d'artisans locaux du XIVᵉ au XVIIIᵉ siècle, il s'agit d'un ensemble architectural comprenant au sein d'un enclos de pierre, l'entrée en arc de triomphe, l'église et son clocher, l'ossuaire, le calvaire et le cimetière. Témoins d'une civilisation où se mêlent culture celtique et tradition chrétienne, les enclos expriment la ferveur religieuse mais aussi la fierté et la prospérité économique d'une époque débordante de créativité. Faut-il préférer le plus riche ou le plus modeste des enclos ? Sizun, Commana, Saint-Thégonnec, La Martyre, Lampaul-Guimiliau, Guimiliau… la liste reste incomplète. Au cœur de ce circuit, Guimiliau nous a ému avec son arc de triomphe au fronton baroque, son ossuaire doublé d'une chapelle funéraire et son calvaire.

Dans le chaos des rochers couverts de lichen et de mousse, l'eau jaillit comme par enchantement. Dans les monts d'Arrée, la route des crêtes se fait à pied ou à cheval. Pages suivantes : dans la forêt d'Huelgoat, les légendes courent aussi vite que les ruisseaux.

Son église elle-même est remarquable avec ses trois retables et son magnifique baptistère représentant le baptême de Jésus entouré de ses douze apôtres.

La forêt du Cranou et la forêt du Huelgoat, célèbre pour ses chaos rocheux, bordent les Monts d'Arrée aux sommets modestes et arrondis. On retrouve, dans la forêt du Huelgoat les mêmes légendes arthuriennes que dans la forêt de Brocéliande aux environs de Paimpont. Sans doute ne formaient-elles, à l'origine qu'une seule et immense forêt ? Au Huelgoat, en effet, la légende du roi Arthur court dans la grotte et le camps d'Artus. La religion chrétienne a également marqué les lieux avec le « trou du diable » et le « ménage de la Vierge ». Mais cette forêt appartient avant tout aux lutins, aux géants et aux fées dont le domaine est la « Rivière d'Argent ».

La forêt est le royaume des géants, des fées et des lutins. Le camps d'Artus et sa légende n'est pas loin. Page de droite : la forêt du Cranou eut le privilège de fournir le bois nécessaire à la construction des navires de la marine du Roi Soleil.

DE OUESSANT À SEIN, LA MER D'IROISE, C'EST LE BOUT DU BOUT DU MONDE : APRÈS IL N'Y A PLUS RIEN, RIEN QUE L'OCÉAN ATLANTIQUE JUSQU'AUX AMÉRIQUES. CES ULTIMES SENTINELLES, ENTOURÉES DE LEURS PHARES MYTHIQUES VEILLENT SUR LES NAVIRES QUI CROISENT SUR LA ROUTE MARITIME LA PLUS FRÉQUENTÉE. LES FORTS COURANTS ET LES TERRIBLES TEMPÊTES D'HIVER EN ONT FAIT DES CÔTES HORS DU COMMUN.

La mer d'Iroise

Brest, au fond de son immense rade, a eu depuis l'époque romaine un rôle stratégique. Devenu port militaire avec son arsenal, sur décision de Louis XIII, la ville s'agrandit. Elle a payé un lourd tribu pendant la Seconde Guerre Mondiale : occupée par les Allemands, elle sera bombardée de 1940 à 1944. Reconstruite en dix ans, Brest garde cependant de beaux souvenirs de son passé. Son château (XVe et XVIIe siècles), qui se dresse à l'entrée de la rivière Penfeld, abrite le musée de la Marine et offre de belles vues sur le port militaire et la rade. La promenade rituelle reste celle du cours Dajot qui part du château en longeant les remparts. On y découvre le port de commerce et le double escalier monumental que Jean Gabin descendit pour les besoins du film de Jean Grémillon *Remorques*.

L'Elorn au nord et l'Aulne au sud se jettent majestueusement dans la rade de Brest. Port militaire et port de commerce, Brest reste illuminée toute la nuit et ne s'endort jamais.

La maison ouessantine typique ne possède qu'un rez-de-chaussée et un grenier avec un mur aveugle, à l'ouest, pour se protéger des vents dominants. Pages suivantes : à la pointe du Pern, ruine de la « Villa des tempêtes », bâtisse qui abritait avant 1900 une corne de brume.

C'est de Brest ou du Conquet que l'on embarque à bord des bateaux de la Compagnie *Penn ar Bed* pour atteindre les îles de Molène et d'Ouessant, îles qui sont séparées par le passage du Fromveur où les courants peuvent atteindre 13 à 16 km/h. Ouessant n'a pas de port naturel et c'est au pied du phare du Stiff que le bateau accoste le long de la jetée. L'île se découvre à pied ou à vélo. La route serpente en montant vers le bourg de Lampaul où se trouvent les quatre hôtels de l'île. En allant vers la pointe de Pern, la visite de l'écomusée du Niou-Uhella, installé dans une modeste maison traditionnelle, est une agréable façon de découvrir la vie quotidienne des îliens mais surtout des îliennes car les hommes étaient toujours en mer, embarqués dans la « Royale » ou partis au long cours, Ouessant n'ayant pas de port de pêche. Les femmes, dans les îles et dans les ports ont toujours joué un rôle plus important qu'ailleurs en Bretagne : ainsi, à Ouessant, ce sont les jeunes filles qui faisaient la demande en mariage !

Plus loin vers la pointe, à côté de la chapelle Notre-Dame-du-Bon-Voyage, le phare du Créac'h abrite, dans l'ancienne centrale électrique, le musée des Phares et Balises dont les collections

évoquent la grande épopée technique mais aussi humaine de la signalisation en mer. En revanche, Molène la petite île voisine, possède un port naturel et a donc toujours eu une activité de pêche, surtout aux crustacés : on dit que les homards de roche de Molène sont les meilleurs de toute la côte ! Ces deux îles font partie du Parc Naturel Régional d'Armorique créé en 1969 qui regroupe trente-neuf communes. La vocation du Parc est avant tout de protéger les milieux naturels, mais le maintien des activités économiques est une autre de ses préoccupations, surtout dans les îles d'Ouessant et de Molène où l'équilibre économique et humain demeure fragile. De plus, classée par l'Unesco en 1988, la biosphère d'Iroise consacre l'une des principales réserves maritimes mondiales.

Un peu partout dans l'île d'Ouessant, les murs de pierre s'élèvent pour abriter du vent.
La croix de Saint-Paul, face à la mer, est un lieu de pèlerinage.

FIN DU CONTINENT POUR LES TERRIENS, DÉBUT DE LA TERRE POUR LES MARINS, LE FINISTÈRE (PENN AR BED EN BRETON) COMPTE, LE LONG DE SES CÔTES DÉCOUPÉES, PLUS DU TIERS DES PHARES QUI ÉQUIPENT LE LITTORAL BRETON ET PRÈS DE LA MOITIÉ DES PHARES ISOLÉS EN MER. LA PLUPART D'ENTRE EUX ONT ÉTÉ CONSTRUITS AUX XIXE ET XXE SIÈCLES.

Les phares

Avant 1830, il existait trois tours, au cap Fréhel, à Ouessant et à la pointe Saint-Mathieu, où des feux étaient allumés lorsque la nuit était particulièrement noire. C'est à la fin de ce même siècle que les feux seront allumés tous les soirs. Après cette date et grâce au jeune ingénieur des Ponts et Chaussées Augustin Fresnel, la côte fut progressivement équipée de phares.

La construction des phares en haute mer, sur des roches à fleur d'eau, fut parfois périlleuse. Au large de l'île de Sein, le phare d'Ar-Men dont les travaux commencèrent en 1867 ne fut terminé qu'en 1881 : les ouvriers, harnachés de bouées de lièges et obligés de travailler dans l'eau solidement amarrés pour ne pas être emportés par les lames ont réussi là un véritable et héroïque exploit. Le phare de La Jument, au large d'Ouessant, commencé en 1804, nécessitera huit ans de persévérance pour qu'il puisse enfin fonctionner. Au contraire, certains phares seront construits dans les terres : celui de Trézien est un phare « champêtre » qui surgit au milieu des terres à Plouarzel à 500 m de la côte et à 1 km 5 de la Pointe de Corsen qui délimite la Manche et l'océan Atlantique.

Leurs missions sont diverses : faciliter la navigation au large, prévenir des écueils à proximité de la côte, indiquer l'approche et l'entrée des ports. C'est aussi à Augustin Fresnel que l'on doit l'invention des lentilles à échelons qui ont augmenté la puissance lumineuse des phares ; elles sont toujours utilisées.

Les gardiens de phare appartiennent à une race à part : il faut avoir la vocation pour supporter l'isolement, être marin pour s'adapter à cette vie maritime mais sans jamais naviguer vraiment et il faut aujourd'hui être des techniciens de pointe pour entretenir un matériel de plus en plus sophistiqué. Beaucoup sont gardiens de phare de père en fils. Et si les phares sont de plus en plus automatisés, trois phares dans le Finistère devraient conserver leurs gardiens : les phares de Kéréon, de Sein et de l'île Vierge où la présence et la vigilance humaine ne seront jamais remplacées.

DÉCOUVRIR

- **Le plus ancien :** le phare du Stiff à Ouessant : Construit par Vauban, il entra en service en 1700 et fonctionne encore aujourd'hui. Il est doublé d'une tour radar de 140 mètres de haut pour surveiller cette zone dangereuse, appelée « le rail d'Ouessant », où environ 100 000 navires transitent chaque année.
- **Le plus puissant :** le phare de Créac'h, à Ouessant toujours, avec une portée de 33 miles (61 km). Ce phare balise une des routes maritimes les plus fréquentées de l'Atlantique et de la Manche.
- **Le plus haut :** le phare de l'île Vierge, face à Plouguerneau, avec 77 mètres de haut et 392 marches. C'est le phare le plus haut d'Europe.
- **Le plus luxueux :** le phare de Kéréon, entre les îles d'Ouessant et de Molène. Au sommet du phare une rotonde est entièrement lambrissée ; au sol, la marqueterie en acajou et en poirier représente une rose des vents et le mobilier est en chêne de Hongrie. Kéréon est le dernier grand phare érigé en mer.
- **L'itinéraire :** « la route des phares » existe : renseignements : office du tourisme de Brest Tel : 02 98 44 24 96.
- **L'incontournable :** le musée des Phares et Balises, au pied du phare du Créac'h à Ouessant. Tel : 02 98 48 80 70.

DE LA POINTE DU RAZ À QUIMPERLÉ, LA CORNOUAILLE S'ÉPANOUIT TOUT AUTOUR DE QUIMPER, SA CAPITALE. TOUS LES CHARMES DE LA BRETAGNE SEMBLENT S'ÊTRE CONCENTRÉS ICI : LA CÔTE SAUVAGE BATTUE PAR LES VENTS, MAIS AUSSI LES PETITES PLAGES TRANQUILLES ET LA CAMPAGNE VERDOYANTE DU PAYS DE FOUESNANT. LES PEINTRES LES PLUS CÉLÈBRES SONT VENUS ICI CHERCHER UNE LUMIÈRE QU'ILS NE TROUVAIENT PAS AILLEURS.

La Cornouaille

But ultime pour beaucoup de voyageurs, la fascinante pointe du Raz : comme une figure de proue au-dessus des flots qui l'assiègent inlassablement, elle sert de promontoire pour découvrir l'île de Sein, si basse sur l'eau et le raz de Sein de sinistre mémoire pour les marins dont la prière était « Mon Dieu, secourez-moi pour traverser le Raz ; car ma barque est petite et la mer est grande ». Ce site a engendré tant de légendes qu'elles se superposent et s'entrecroisent. Ainsi, on raconte que dans la baie des Trépassés, entre la pointe du Raz et la pointe du Van, par les nuits sans lune, les marins péris en mer dans l'année, attendent le *bag noz* (le bateau de nuit). Le marin qui, par malheur, croiserait dans les parages doit impérativement monter dans la barque pour emmener ces âmes en peine jusqu'aux îles Bienheureuses.

À la pointe du Raz, la mer, inlassablement, monte à l'assaut du continent, dans un combat mythique.
Pages suivantes : Plogoff, au bout de la pointe, résiste à tous les assaillants.

« KANT BRO, KANT GIZ » : CENT PAYS, CENT MODES. CE DICTON ANCIEN ATTESTE DE LA DIVERSITÉ DES COSTUMES BRETONS. PEINTRES, GRAVEURS ET SCULPTEURS SE SONT PASSIONNÉS POUR CES COSTUMES QUI DONNAIENT SI BELLE ALLURE À CEUX ET CELLES QUI LES PORTAIENT.

Coiffes et costumes

C'est à partir du XIXe siècle, avec l'amélioration du niveau de vie, que les costumes s'enrichissent en se diversifiant par les formes et les couleurs. Chaque pays veut afficher son particularisme et sa richesse.

Le célèbre photographe Jos Le Doaré a publié une multitude de cartes postales représentant des bretons en costume de fête ou en tenue de tous les jours.

Au XIXe siècle, le tailleur, parfois accompagné d'un apprenti, allait de ferme en ferme. Il se devait de réaliser un costume conforme à la situation sociale de la famille. Il coupait, cousait, brodait et son travail pouvait durer plusieurs mois. Dès le baptême, l'enfant recevait de son parrain ou de sa marraine un bonnet censé le protéger. Le maillot du nourrisson était parfois décoré de galons de couleur comme à Plougastel-Daoulas. Jusqu'à 6 ou 7 ans, garçons et filles étaient habillés de la même façon : une robe, un tablier et un bustier sans manche. Ils gardaient les cheveux longs et seuls les bonnets différaient. Passés les dix ans, la fillette commençait à s'habiller comme sa mère tandis que le garçon portait le costume traditionnel. Sans tenir compte des particularismes, la femme portait, en général, une jupe qui a, peu à peu, raccourci avec les années, un tablier, parfois de velours ou de soie pour les grandes occasions, brodé ou décoré de perles, un corsage et un châle. La coiffe, pour tenir, nécessitait des cheveux longs et un chignon. De la plus modeste à la plus sophistiquée, les coiffes demandaient le plus grand soin pour les amidonner et les repasser avant de les fixer à l'aide d'épingles. Parfois, des gants fabriqués au crochet finissaient la tenue avec, comme bijou, l'épingle de pardon formée de perles de verre soufflé sur une monture d'argent ou de cuivre. Lorsque la femme était veuve, elle avait une grande cape noire et sa coiffe était beaucoup plus austère. Les hommes, surtout en Cornouaille, portaient le *bragou braz* (culotte large et courte, resserrée aux genoux et complétée par des guêtres) ou un simple pantalon. Gilet, *chupenn* (veste courte) et chapeau garni d'un ou plusieurs rubans complétaient la tenue.

Dans la Bretagne occidentale, on peut encore rencontrer de vieilles femmes en coiffes dans les villages ou à la sortie des cérémonies religieuses, mais c'est surtout lors des grandes fêtes traditionnelles que l'on peut admirer les différents costumes bretons dans toute leur splendeur : Fête des Brodeuses à Pont-L'Abbé (29), de Cornouaille à Quimper (29), Fête des Filets Bleus à Concarneau (29) ou Festival inter-celtique de Lorient (56).

À VISITER

- **Musée départemental breton**
  1, rue du Roi Gradlon
  29000 Quimper
  Tel : 02 98 95 21 60
- **Musée de Bretagne**
  20, quai Émile Zola
  35000 Rennes
  Tel : 02 99 28 55 84
- **Musée du Costume**
  Rue Pellier
  22500 Paimpol
  Tel : 02 96 55 31 70

KLEGEREG
KLEGEREG
Petit Goulu
RAFALE
AD

Au petit jour, le malheureux, épuisé, ne se souvient plus de rien. De l'autre côté, la pointe du Van, moins fréquentée que sa voisine a pourtant beaucoup d'attraits : on y a d'abord une vue fabuleuse sur la pointe du Raz et ses hautes falaises battues par les vents abritent la petite chapelle de Saint-They : surplombant l'océan, ce modeste édifice veille sur les navigateurs et on raconte que sa cloche se met à sonner d'elle-même lorsque la vie d'un marin est en danger. On dit aussi que l'îlot de Tevennec, en face de la pointe est l'ultime refuge des péris en mer, en quête du paradis.

Toute cette région reste hantée par la ville d'Ys, la ville engloutie par les flots. Beaucoup la revendiquent mais on peut penser raisonnablement qu'elle est au fond de la baie de Douarnenez. Ys est la ville de toutes les splendeurs, construite par le roi Gradlon, au VIe siècle pour sa fille bien aimée Dahut. Mais celle-ci, sous l'emprise du diable, ne fit qu'y mener une vie de débauche et toute la ville sombra dans le péché.

Bateaux de pêche dans le port du Rosmeur, ancien quartier de Douarnenez.

La baie de Douarnenez, où dort la ville d'Ys et ses sortilèges, est aujourd'hui le lieu de rassemblement de tous les grands voiliers traditionnels.

Dieu, pour la punir, décida de l'engloutir sous les flots. Gradlon réussit à s'enfuir sur son cheval mais il dut abandonner sa fille Dahut dont le poids des pêchés était trop lourd. Elle sombra rapidement et aurait été transformée en sirène. On raconte aussi que les jours de grandes marées, on peut entendre sonner les cloches de la ville d'Ys et que les pêcheurs trouvent parfois dans leurs filets des pierres taillées venant de la ville fantôme.

La cathédrale Saint-Corentin visible de loin grâce à ses deux flèches est un bel exemple d'architecture gothique.

La baie de Douarnenez, largement ouverte sur le large est bordée de falaises et de plages de sable fin. Au fond de la baie, le port de pêche de Douarnenez fut autrefois le premier port sardinier de France avec plus de mille chaloupes et vingt-cinq conserveries. Après une crise sans précédent à la fin du XIXe siècle, liée à la raréfaction des bancs de sardines et à la concurrence étrangère, le port s'est reconverti dans la pêche fraîche. Une longue promenade permet de découvrir ce port traversé par l'estuaire du Port-Rhu. Le port de Rosmeur, avec ses maisons de couleur, était le grand port sardinier. Aujourd'hui, le nouveau port, avec sa criée et ses entrepôts n'a pas le même charme. En continuant vers le Port-Rhu, on aperçoit l'île Tristan qui fut le repaire du célèbre brigand La Fontenelle qui sévissait dans toute la Cornouaille durant les guerres de la Ligue.

Quimper, après trois siècles de production, est devenue la capitale bretonne de la faïence. Bretons en costumes, scènes de la vie quotidienne, paysages, fleurs ou figures géométriques, il y a toujours une joyeuse harmonie dans les formes et les couleurs de ces objets utiles ou simplement décoratifs.

La faïencerie de Quimper

En 1690, Jean-Baptiste Bousquet originaire de Provence, s'installe à Locmaria, près de la rivière de l'Odet et y crée une manufacture de faïence. Deux autres faïenceries suivent un siècle plus tard: Eloury-Porqier-Beau (PB) et Henriot, tandis que la maison Bousquet signe désormais H.B. (Hubardière-Bousquet).
L'Exposition Universelle de 1870 fera connaître Quimper, ses faïences et ses « peinteuses » dans le monde entier. Après avoir imité le Rouen, Nevers et Moutiers, Quimper crée alors son propre style. Alfred Beau propose, au centre de grands plats, de véritables tableaux qui racontent la Bretagne: procession, monuments religieux, scènes de marché ou paysages.
Ces fabriques se limitaient à l'origine à la vaisselle, aux pipes et aux objets utiles à la campagne: bouteilles, pots à beurre, cruches, saloirs et récipients de toutes tailles. C'est surtout après la Seconde Guerre Mondiale que la réputation de Quimper se confirme avec la période Art déco et surtout avec la présence de grands artistes comme Mathurin Méheut chez Henriot et René Quillivic chez H. B qui créent des œuvres uniques ou en nombre limité. En 1968, H.B. et Henriot ont fusionné; leurs ateliers, toujours à Locmaria sont ouverts aux visiteurs. On y découvre les fours et les ateliers de peinture: les gestes sont restés les mêmes et tous les décors sont peints à la main, généralement à main levée, « à la touche » (coups de pinceaux en forme de gouttes allongées pour réaliser des fleurs et des feuillages). Chaque œuvre est signée par l'artiste qui l'a réalisée.
La Faïencerie d'Art Breton, une autre manufacture, plus petite, dont un des créateurs n'est autre que Pierre Henriot l'arrière petit fils de Jules Henriot perpétue, elle aussi la tradition. La maison H.B.Henriot appartient actuellement à des capitaux américains et Pierre Henriot ne peut donc pas utiliser son nom, propriété commerciale de la grande maison. Il a choisi de faire travailler des artistes contemporains connus. Citons Olivier Lapicque qui a créé une collection de plats et d'assiettes sur le thème des « loups de mer ».
Avec la création récente d'une école de céramique chez H.B.Henriot, la relève est assurée. Les faïences de Quimper trouvent toujours des amateurs et s'exportent bien, surtout vers les États-Unis. La salle des ventes de Quimper et les antiquaires de toute la Bretagne ont parfois des trésors pour ceux qui préfèrent les faïences anciennes aux signatures parfois prestigieuses.

NOS ADRESSES

- **H.B.Henriot (ateliers)**
16, rue Haute
Tel: 02 98 90 09 36
- **H.B.Henriot (boutique)**
Place Bérardier-Locmaria
Tel: 02 98 52 22 52
- **Faïencerie d'Art Breton**
50, rue de Locronan
Tel: 02 98 53 72 72
- **Musée de la Faïence Jules Verlingue**
14, rue Bousquet
Tel: 02 98 90 12 72

Le Port-Musée, installé dans l'estuaire, permet dans sa partie couverte de se familiariser avec des bateaux traditionnels de France et du monde entier. Les bateaux à quai, plongés dans une provisoire léthargie, attendent un repreneur passionné. De l'autre côté de Port-Rhu, Tréboul est la partie balnéaire de la ville, avec son centre de thalassothérapie, ses plages et son port de plaisance. De la chapelle Saint-Jean, construite au XVIIe siècle, on peut rejoindre la pointe de Tréboul d'où la vue est magnifique. Aujourd'hui, Douarnenez reste le grand rendez-vous de la voile traditionnelle : les rassemblements de bateaux de toutes tailles sont l'occasion de régates en baie, de fêtes à terre et de festivals de chants de marin.

Pour rejoindre Quimper, il faut absolument faire une halte à Locronan, village qui connut une époque faste grâce au tissage et au commerce du lin. Ce village a gardé une unité et une harmonie architecturale tout à fait unique. La place, bordée

L'Odet s'illumine au mois de mai. Dominant la rivière, le château de Kerambleiz est aussi appelé « château du loup ».

de belles maisons de granite du XVIIe et du XVIIIe siècles, avec son puits central et l'église de Saint-Ronan qui domine l'ensemble a servi de décor à bon nombre de films dont *Tess* de Roman Polanski.
Après avoir fui la ville d'Ys, le roi Gradlon erra dans les forêts profondes et fut sauvé de la famine par l'ermite Corentin. Arrivant sur les bords de l'Odet, il créa sa nouvelle ville *Kemper* (Quimper) et nomma Corentin premier évêque de la cité.

Dans le centre ville de Pont Aven, l'eau de l'Aven court joyeusement, longeant les hostelleries et les petits bistrots aux terrasses charmantes.

L'Odet traversé par de multiples petits ponts contribue toujours au charme de Quimper dont le cœur se situe autour de la cathédrale Saint-Corentin. Celle-ci vient d'être entièrement restaurée et on peut y admirer notamment le mobilier contemporain signé par le grand sculpteur Pierre Manoli. De petites rues étroites, bordées de maisons à pans de bois restent très animées. Dans l'ancien palais des évêques de Quimper, le Musée breton expose mobiliers et costumes régionaux ainsi que de très belles pièces de céramiques locales. À deux pas, le musée des Beaux-Arts est une mine pour les amateurs de peintures bretonnes : si l'école de Pont-Aven y est fort bien représentée, d'autres peintres de Bretagne y ont une place de choix. De l'autre côté de l'Odet, Locmaria est le quartier des faïenciers.
L'Odet est une rivière que l'on peut descendre à bord de vedettes, jusqu'à son embouchure. On y découvre châteaux et manoirs et,

au mois de mai, les bois de rhododendrons en fleur descendent en guirlande jusqu'à l'eau. S'ouvrant sur le large, Bénodet et Sainte-Marine se font face: l'ancien bac qui les desservait a été remplacé par le pont de Cornouaille qui permet de passer de pays bigouden en pays fouesnantais. Au large, les îles des Glénan, escale très appréciée des plaisanciers, se donnent des airs de lagon dès que le soleil caresse leurs eaux peu profondes.

Le pays fouesnantais, dès le printemps, se couvre de mille lumières et couleurs. De part et d'autre de Concarneau, les peintres y ont trouvé l'inspiration: Paul Gauguin et ses amis ont habité la pension Gloanec à Pont-Aven puis celle de Marie Henry au Pouldu. Tous ont sillonné le pays à la recherche de scènes de la vie bretonne: l'école de Pont-Aven était née. Pont-Aven a gardé son charme avec sa rivière chantante et son bois d'Amour. Le petit musée propose chaque année une exposition consacrée à un artiste qui est venu, parfois de l'étranger, peindre la Bretagne.

Depuis la Belle Époque, les cabines de plage sont alignées sur la jolie plage de Portmanec'h sur la commune de Nevez.
Page de droite: l'« Abri du Marin », dans le petit port de Sainte-Marine qui fait face à Benodet.
Pages suivantes: les Glénan se donnent des allures de lagon.

CC318222

DE LA LAÏTA À LA RIVIÈRE D'ETEL, LE PAYS DE LORIENT EST RÉSOLUMENT TOURNÉ VERS L'OCÉAN, LA SOURCE DE TOUTES SES RICHESSES. FACE AU CONTINENT, L'ÎLE DE GROIX, CÉLÈBRE POUR SES MARINS, FUT UN GRAND PORT THONIER. LE BLAVET ET LE SCORFF SE JETANT DANS LE MÊME ESTUAIRE ONT OFFERT UN SITE REMARQUABLE À LORIENT D'UN CÔTÉ ET À PORT-LOUIS DE L'AUTRE.

Le pays de Lorient

L'Orient, comme se nommait la ville à l'origine, fut le port de la Compagnie des Indes. Que de richesses venant de Chine, des Indes ou d'Afrique ont transité par ses quais de 1666 à 1769! Devenue port militaire avec son arsenal, Lorient, occupée par l'armée allemande, sera presque entièrement bombardée pendant la Seconde Guerre Mondiale. Aujourd'hui, ville moderne, elle est l'un des premiers ports de pêche français, mais conserve ses autres activités portuaires. Tous les ans, au mois d'août, la ville est prise d'assaut par les amateurs de musique celtique; métamorphosée et joyeuse elle devient cosmopolite et vit au rythme des cornemuses, des bombardes et des tambours. Celui qui a assisté à ces jours de folies interceltiques ne verra plus jamais Lorient de la même façon.

Au fond de sa rade, Lorient, la ville aux cinq ports, est devenue la capitale de la musique celtique grâce à son festival.

Pendant dix jours, ce festival est le rassemblement exceptionnel de toutes les musiques celtes. C'est aussi la redécouverte des racines communes à huit pays : la Bretagne qui est le pays qui invite, mais aussi l'Irlande, l'Écosse, le Pays de Galles, la Cornouaille britannique et l'île de Man, la Galice et les Asturies.

Le Festival interceltique

Les groupes bretons et étrangers prennent possession de la ville de Lorient. Les Bretonnes en tenue de fête réhaussent en couleur et en élégance cette manifestation de plus en plus courue.

À SAVOIR

Le Festival Interceltique de Lorient (le F.I.L.), c'est :

- 10 jours
- 4 500 musiciens, danseurs, chanteurs, plasticiens, universitaires et cinéastes
- 400 000 spectateurs
- 14 lieux de spectacle dans toute la ville
- 400 bénévoles

Renseignements :
Festival interceltique de Lorient
2, rue Paul Bert
Tel : 02 97 21 24 29
Et toute l'année, à Lorient, une bonne adresse avec des concerts toutes les semaines :
Le Pub Galway Inn
18, rue de Belgique
Tel : 02 97 64 50 77

Le Festival Interceltique de Lorient (F.I.L.) fête ses trente ans : plus de 4 000 musiciens, chanteurs et danseurs viennent à cette grande messe de la musique découvrir qu'ils ont des cousins dans toute l'Europe et même au-delà.
Ce qui autrefois était considéré comme du folklore est aujourd'hui le patrimoine bien vivant de tous ceux qui ont le sang et l'âme celtes. Les artisans de ce formidable rassemblement qui métamorphose Lorient en plein mois d'août sont deux complices liés par une amitié indestructible : Pierre Guergadic (ex-président) et Jean-Pierre Pichard (actuel directeur). Au départ ce n'était que de simples festivités qui se déroulaient dans le port de pêche. Anticonformistes et ne voulant pas copier les festivals traditionnels déjà existants, ils ont décidé d'ouvrir leurs portes aux autres pays et surtout aux musiques « modernes » : Alan Stivell et sa harpe, musique folk, jazz et rock celtique. Bien leur en a pris : le succès a été foudroyant ! Tous ces groupes qui pourtant ne parlent pas la même langue, communiquent entre eux et avec les spectateurs grâce à la musique devenue un langage universel.
Durant les dix jours du festival, concerts et spectacles sont proposés du matin au soir. Ils sont clôturés par un *fest-noz*, fête de nuit où tout le monde danse dans la plus grande fraternité. Ce sont aussi, dans toute la ville, des défilés de *bagadou* (le *bagad* est un groupe de sonneurs, avec bombardes, cornemuses ou binious, et percussions). Tous les ans, un championnat de *bagadou* rassemble plus de soixante dix formations. Quinze fois champion, le *Bagad Quimper* a dû céder la place au *Bagad de Locoal-Mendon* en 1999.
Salons, conférences, expositions, ateliers de danse ou de musique fleurissent dans toute la ville, devenue capitale celte à cette occasion.
Le soir, dans tous les pubs et les bistrots de la ville, des musiciens s'installent et tout naturellement se mettent à jouer pour leur plaisir et pour celui des passants qui battent la mesure.

Les maisons traditionnelles ont dans leur cour un puits en granite travaillé. On rencontre partout en Bretagne de petites fontaines qui abritent un saint dans leur niche. Sur les rivières de nombreux moulins à marée actionnaient leur roue grâce aux courants créés par les marées.

Une bonne occasion de découvrir la rade de Lorient est de prendre le bateau qui assure la liaison avec Port-Louis dont la citadelle est le fleuron. Du haut de ses remparts, la vue sur le large, sur l'île de Groix, et sur l'entrée du port avec le va-et-vient des bateaux peut retenir notre attention des heures durant. En face, Kernével et Larmor-Plage offrent plages et yachting aux Lorientais. La route côtière continue jusqu'à l'embouchure de la Laïta, avec des paysages plus sauvages, balayés par les vents pour le plus grand bonheur des surfeurs et des véliplanchistes.

C'est de Lorient que l'on embarque pour l'île de Groix. Moins connue que sa grande Belle-Île voisine, elle n'en est que plus authentique. Entourée de hautes falaises, les bateaux accostent dans l'ancien port thonier de Port-Tudy. Source de la richesse passée de l'île, le thon reste son emblème : sur le clocher de l'église de Port-Tudy, le thon a remplacé le coq traditionnel. L'écomusée, installé dans une ancienne conserverie du port retrace toute l'histoire de l'île et présente son patrimoine naturel. L'île qui ne dépasse pas les 8 kilomètres de longueur propose un ensemble de randonnées qui traversent hameaux et villages.

Créée en 1664 par Colbert, la Compagnie Française des Indes reçoit du roi le monopole des relations commerciales avec l'Inde, la Chine et l'Afrique. C'est le début d'une fabuleuse aventure. La Compagnie des Indes, établie à Saint-Malo, à Nantes mais surtout à Lorient, perdra son monopole pendant les années noires de la Révolution, en 1793.

Le musée de la Compagnie des Indes

En 1977, la ville de Lorient a pris la décision, avec l'accord de la Marine Nationale et du musée de la Marine de Paris, d'installer son musée de la Compagnie des Indes dans la citadelle de Port-Louis qui, face à Lorient, a vu passer au pied de ses remparts, tant de vaisseaux engagés dans cette incroyable mais très fructueuse épopée maritime et commerciale.

C'est en découvrant la rade de Lorient, à l'embouchure du Scorff et du Blavet, que l'on arrive à la citadelle de Port-Louis. On comprend alors aisément l'intérêt stratégique de cet ensemble construit par les Espagnols en 1591 : cette impressionnante place forte que la mer entoure à marée haute, est un parfait exemple de l'architecture militaire de l'époque. Aucun bateau entrant ou sortant du port ne pouvait échapper à sa vigilance. C'est au centre de cette citadelle, dans les bâtiments de la caserne de Lourmel que l'on découvre les très belles collections du musée ouvert au public depuis 1984.

Les visiteurs sont accueillis dans le hall d'entrée par l'imposante statue en pied de Joseph Dupleix qui fut gouverneur du comptoir de Chandernagor au Bengale puis Président du Conseil suprême des Indes et Gouverneur Général de Pondichéry. Les premières salles présentent l'histoire mouvementée de la Compagnie : ses débuts à Madagascar, à Surate en Inde, l'épisode des relations entre la France et le Siam. La fondation de L'Orient est elle aussi évoquée avec une magnifique maquette qui montre à quel point cette ville n'a été créée que pour le succès de la Compagnie. Les différents comptoirs sont ensuite mis à l'honneur : en Inde, Pondichéry qui centralisait les approvisionnements en café, poivre, cauris (petit coquillage qui servait de monnaie pour le commerce avec la Guinée) mais aussi en étoffes de coton et en soie. En Chine, la Compagnie avait un comptoir très important à Canton : on y embarquait des soieries, du thé, de la cannelle, des papiers peints et les fameuses porcelaines si prisées aujourd'hui par les collectionneurs. En Afrique, la Compagnie s'approvisionnait en matières premières mais sa principale source de richesse était le trafic d'esclaves au départ de l'île de Gorée au large de l'actuelle ville de Dakar. Les autres salles sont consacrées aux vaisseaux, à leur construction et à la vie à bord.

Le musée de la Compagnie des Indes, par l'originalité de son thème et par son site exceptionnel rend un hommage au passé prestigieux du port de Lorient.

EN SAVOIR PLUS

- **À lire :**
La Compagnie des Indes
par Philippe Haudrère et Gérard Le Bouëdec (Éditions Ouest-France)
- **À visiter :**
Citadelle de Port-Louis
Tel : 02 97 82 19 13 et 02 97 12 10 37
Visite guidée tel : 02 97 21 00 52

Le petit port de Locmaria, à l'opposé de Port-Tudy ne manque pas de charme avec son village de pêcheurs serré autour de son église. La pointe des Chats fortifiée au XVIIIe siècle et la pointe de la Croix avec son fort Surville de la même époque, montrent le rôle stratégique de l'île, à l'avant garde de Lorient. À proximité, la plage des Grands Sables possède un sable si fin et si clair qu'il donne à la mer des couleurs de lagon. À l'autre extrémité, la pointe de Pen Men abrite une réserve naturelle qui fera la joie des amateurs de faune, de flore mais aussi de minéralogie. Enfin, il ne faut pas quitter l'île sans passer une soirée au bar *Ty Beudeff* à Port-Tudy. C'est l'endroit incontournable de l'île où la chaude ambiance vous familiarisera avec tous les chants de marins.

Festonnée d'îles et de presqu'îles, de petits bras qui se perdent dans les marais, la rivière d'Etel est une ria complètement envahie par la mer. Son étroite embouchure, face à un banc de sable,

Sur la rivière d'Etel, les vieux thoniers s'endorment doucement avant de disparaître.

Pages suivantes : dans l'île de Groix, le petit port de Port-Lay, ancien port thonier, possédait aussi sa conserverie.

fait de la « barre d'Etel » un passage dangereux et de sinistre mémoire. Dès que ce rempart mouvant est passé, la rivière présente un tout autre aspect : le calme et la sérénité reviennent et envahissent ses eaux propices à l'ostréiculture. Le port d'Etel, qui fut lui aussi un grand port thonier, a dû se reconvertir dans un tourisme tranquille. Pourtant son *Bistrot à Thon* près du port, maintient la tradition et propose, dans un décor de cambuse, un tour du monde du thon avec quatre-vingt recettes de tous les pays.

C'est dans l'anse de Kerhervy, sur le Blavet, que s'endorment à jamais les thoniers de Lorient ou de Groix.

Aujourd'hui les carcasses des vieux thoniers s'endorment doucement dans les vasières. C'est en remontant la rivière en bateaux qu'on les aperçoit. Après être passé sous le pont Lorois, l'apparition de l'île de Saint-Cado est un vrai bonheur. Reliée à la terre par une digue, l'île, avec son petit village, mais surtout sa chapelle et, en contre bas, sa belle fontaine au bord de l'eau, est un petit joyau heureusement préservé.

C'EST AU CŒUR DE LA BRETAGNE QUE LES DUCS DE ROHAN ONT, AU MOYEN ÂGE, ASSIS LEUR POUVOIR.
À ROHAN D'ABORD PUIS À PONTIVY ET JOSSELIN, ILS ONT CONSTRUIT LEURS CHÂTEAUX, EN BORDURE DE LA RIVIÈRE. AUJOURD'HUI, AU BORD DE CE QUI EST DEVENU LE CANAL DE NANTES À BREST, DEUX D'ENTRE EUX SUBSISTENT DANS TOUTE LEUR MAJESTÉ.

Le pays des Rohan

Rohan, berceau de cette illustre famille est située au bord de l'eau, non loin de la forêt giboyeuse de Lanouée. Rohan avait tout pour plaire. Pourtant, à la fin du XIVe siècle, la famille de Rohan lui préférera Pontivy. Ils y feront construire un château qui résistera à tous les assauts. Pontivy a une histoire curieuse que l'on découvre en la traversant. D'une part, il y a la ville médiévale serrée autour de son château dont les murs atteignent cinq mètres d'épaisseur et dont les petites ruelles et la jolie place du Martray s'animent le lundi, jour de marché. D'autre part, juste à côté et sans transition, on découvre la ville impériale, aux allures militaires, construite par Bonaparte pour lutter efficacement contre la chouannerie et baptisée en 1804 Napoléonville.
A la chute de l'empire ce nom tomba pour revenir… sous Napoléon III !

Fier et élancé, le château de Josselin se mire dans l'Oust.
Page de droite : véritable forteresse féodale, le château de Pontivy symbolise le pouvoir des ducs de Rohan.

Le canal de Nantes à Brest fut construit sur décision de Napoléon dans un but stratégique : rejoindre ces deux ports sans affronter les dangers de la mer. Il est aujourd'hui utilisé par les plaisanciers et ce sont les randonneurs qui suivent le chemin de halage.

La construction du canal qui traverse la ville fut décidé par Napoléon Bonaparte : cette voie d'eau a joué un rôle très important dans le développement de la cité.

Josselin qui, à l'origine a pris le prénom d'un des ducs de Rohan, possède un des plus beaux châteaux de Bretagne. Il est toujours resté la propriété des Rohan. Coïncidence, l'actuel duc de Rohan, qui est aussi le président du Conseil Régional de Bretagne, porte également ce prénom chargé d'histoire. Contrairement au château de Pontivy, massif et trapu, celui de Josselin, s'élève avec élégance dominant la rivière canalisée de l'Oust. Trois tours, reliées entre elles par des courtines paraissent imprenables et offrent au regard un contraste saisissant avec la façade intérieure, de style gothique flamboyant, beaucoup plus travaillée et plus avenante. On peut se promener dans le château et le parc mais il ne faut pas quitter Josselin sans avoir visité le musée des poupées, installé dans les communs : une imposante collection de près de cinq cent poupées datant du XVIIe et du XVIIIe siècles sont rassemblées dans ce lieu, évoquant les jeux de l'enfance de manière tout à fait unique. Près du château, la basilique Notre-Dame-du-Roncier aurait, selon la légende, été édifiée à l'endroit où un paysan aurait découvert, au milieu des ronces, une statue de la Vierge. La vue que l'on a du haut du clocher est splendide, avec, au premier plan, la cour du château.

LE PAYS DE VANNES, C'EST LE MIDI DE LA BRETAGNE : LA MER Y EST PLUS CHAUDE, LE SOLEIL PLUS PERSISTANT ET LE CARACTÈRE DE SES HABITANTS PLUS ÉPICURIEN. HAUT LIEU DE L'ÉPOQUE NÉOLITHIQUE, CETTE RÉGION RASSEMBLE SANS DOUTE LA PLUS GRANDE CONCENTRATION DE MENHIRS, DE DOLMENS, DE CAIRNS ET DE TUMULUS.

Le pays de Vannes

Les Vénètes, tribu gauloise qui a investi cette côte, étaient connus pour être de redoutables marins et des commerçants avisés. C'est à eux que Vannes doit son nom et c'est à sa petite mer intérieure (*mor bihan* en breton) que le département doit le sien. Ce golfe, aux îles innombrables, est dû à un effondrement géologique ; l'océan a envahi ces terres en passant par l'étroit goulet situé entre Port-Navalo et Locmariaquer. Au large, Belle-Île et ses deux petites sœurs Houat et Hoëdic sont des paradis très convoités.

C'est à Vannes qu'est né le royaume d'Armorique lorsqu'en l'an 845, le roi Nominoë a vaincu l'armée de Charles le Chauve. Triste coïncidence, c'est également dans cette ville que sera signé par François Ier, le 21 septembre 1532, le rattachement de la Bretagne à la France.

Depuis mille ans, la cathédrale Saint-Pierre a été refaçonnée sans cesse, conjuguant tous les styles de l'architecture religieuse en Bretagne.

19
MOISAN
03

Si l'on peut dater l'arrivée des Bretons venus d'outre Manche au VIe siècle, l'occupation de cette région remonte au paléolithique. Mais c'est au néolithique qu'ont été édifiés les mégalithes les plus impressionnants de l'archéologie bretonne. On peut les classer en deux catégories, avec de nombreuses variantes : les menhirs et les dolmens.

Dolmens et menhirs

Dans la région de Carnac, les menhirs par milliers occupent le littoral.

Ces mégalithes sont impressionnants quand on sait que les pierres dressées pèsent 5 à 40 tonnes et qu'il a fallu les extraire, les transporter et les mettre debout. Le menhir de Locmariaquer, avant d'être brisé, mesurait 20 mètres et pesait environ 350 tonnes! Certaines de ces pierres étaient gravées de dessins géométriques en forme de spirales ou de cercles : le *cairn* de Gavrinis dans le Golfe du Morbihan est un véritable chef-d'œuvre de l'art mégalithique.

Menhir peut se traduire par pierre longue ou pierre levée. Certains se dressent isolés (menhir de 9 m 50 du Champ-Dolent à Dol de Bretagne en Ille-et-Vilaine et le grand menhir brisé en quatre morceaux de Locmariaquer dans le Morbihan) tandis que d'autres sont alignés ou dressés selon des figures géométriques : ce sont les *cromlec'hs* en forme de cercle ou de demi-cercle. La raison de leur présence reste sujet à débats : s'agissait-il de lieux sacrés destinés à des cérémonies religieuses? Les *cromlec'hs* seraient des sanctuaires où les hommes se réunissaient et célébraient leurs rites mystérieux. Les alignements avaient-ils une signification géographique voire même astronomique et cosmique? Les alignements les plus impressionnants et les plus énigmatiques sont assurément ceux de Carnac (Morbihan) mais on en trouve dans toute la Bretagne comme ceux de Lagatjar dans la lande, face à la mer, à Camaret (Finistère) ou ceux de Saint-Just (Ille-et-Vilaine).

Le dolmen, ou table de pierre, est une sépulture composée généralement d'une chambre et d'un couloir. On parlera de tumulus lorsque la tombe est recouverte de terre et de *cairn* lorsque la sépulture est recouverte de pierres. Ces dolmens étaient le plus souvent une sépulture collective, le long couloir menant à plusieurs chambres délimitées par des dalles verticales et une voûte en pierre. Le *cairn* de Barnenez, dans la baie de Morlaix en est un bel exemple.

De nombreuses légendes sont nées sur ces lieux propices aux divagations de l'imaginaire, utilisant souvent la culture celte pour nommer certains d'entre eux. *Le Cordon des Druides* à Landéan (Ille-et-Vilaine) n'est autre qu'un alignement de menhirs. *La Roche aux Fées* (Ille-et-Vilaine), un des plus beaux dolmens de Bretagne, aurait été construit par les fées. La religion chrétienne n'échappe pas au phénomène : ainsi, *Le Jardin aux Moines* à Néant-sur-Yvel (Morbihan) est, en fait, un tertre du néolithique : la légende raconte que le seigneur de Tréhorenteuc aussi dépravé que les moines qui lui servaient de compagnons osa aller avec eux à la chasse un jour de Toussaint. Ils furent tous pétrifiés sur le lieu de leur crime! *Les Demoiselles Piquées* sont des menhirs que l'on trouve à Saint-Just (Ille-et-Vilaine). La légende raconte que trois jeunes filles restèrent danser dans la lande au lieu d'aller aux vêpres. Elles furent transformées en pierres en guise de punition éternelle! Pour mettre un terme aux cultes païens ou druidiques, certains menhirs furent christianisés : le menhir de Saint-Uzec (Côtes d'Armor) en est le plus bel exemple : surmonté d'une croix, les instruments de la passion ont été gravés en relief sur sa partie supérieure.

À VOIR ABSOLUMENT

Musée de la Préhistoire

Place de la Chapelle - 56340 Carnac

Tel : 02 98 52 22 04

À Quiberon, la Côte Sauvage, dangereuse et inhospitalière s'oppose à la baie de Quiberon plus calme et plus chaude. Page de gauche : Belle-Île, la bien nommée, est sans cesse prise d'assaut par l'océan.

Vannes a gardé dans ses murs les traces de tout ce riche passé. La place Gambetta en demi-lune, face au port de plaisance est le point de départ idéal pour entrer dans la vieille ville. La majestueuse porte Saint-Vincent est suivie de la rue du même nom : on y découvre les immeubles du XVIIe siècle construits pour les parlementaires qui avaient été chassés de Rennes en 1675. De place en place, on arrive à la cathédrale Saint-Pierre qui a été tellement remaniée au cours des siècles qu'elle rassemble tous les aspects de l'architecture religieuse en Bretagne. En face, la Cohue, curieux et très ancien bâtiment, a servi de marché, de tribunal, de théâtre ; il abrite aujourd'hui le musée des Beaux-Arts qui passionnera les amateurs de peintures. À l'extérieur de la ville, la promenade des remparts permet, de la porte Prison à la porte de Calmont, de découvrir ce bel ensemble parfaitement dégagé et couronné par la tour du Connétable. Ceux qui veulent aller vers la mer choisiront la promenade de la Rabine qui part du port de plaisance et conduit à la presqu'île de Conleau.

Le golfe se découvre bien sûr en bateau et de nombreuses vedettes partent quotidiennement des ports environnants.

Les deux îles principales, l'île aux Moines et l'île d'Arz ont toutes deux leur village et leur paroisse. Les autres îles sont parfois privées. Certaines présentent un intérêt archéologique de premier plan : ainsi, l'île de Gavrinis, à l'entrée du golfe, possède un des plus beaux cairns de Bretagne tandis que l'îlot d'Er Lannic, tout proche, conserve un *cromlec'h* en partie submergé, ce qui confirme l'effondrement géologique du site. Au large, Belle-Île-en-Mer, avec ses quatre communes est la plus grande de toutes les îles bretonnes. Elle reste pour beaucoup de continentaux une destination de rêve. Sarah Bernhardt, fascinée par la beauté de ses côtes y acheta, en 1894, un fortin et y attira des écrivains comme Edmond Rostand et des artistes comme Georges Clairin. C'est à Quiberon qu'il faut prendre le bateau pour faire la traversée et arriver dans le port principal, Le Palais. Là, l'imposante citadelle de Vauban domine le port. Elle se visite et son musée raconte l'histoire agitée de Belle-Île.

À l'entrée du port de Sauzon, les résidents de l'hôtel sont aux premières loges pour suivre l'activité des marins pêcheurs.

HOTEL du PHARE
AY293385

Les Hospitaliers Sauveteurs Bretons (H.S.B.), tous bénévoles, ont rallié aujourd'hui la Société Nationale des Sauveteurs en Mer (S.N.S.M.). Ce sont les anges gardiens des côtes.

La route qui conduit à Locmaria longe la magnifique plage des Grands Sables qui atteint presque les deux kilomètres de longueur. Face au large sur la côte sauvage, les sites de Goulphar, du Grand Phare et de Port Coton sont les plus impressionnants de l'île. Claude Monnet, a su rendre dans ses peintures, le bouillonnement de la mer autour des aiguilles de Port Coton. Au port de Sauzon, le petit *Hôtel du Phare* est une bonne adresse pour poser son sac le temps d'un repas ou d'une nuit. Enfin, à l'intérieur des terres, les chambres d'hôtes du village de Bangor permettent de rayonner dans l'île.

La presqu'île de Quiberon, comme Belle-Île, présente un double aspect : à l'ouest, la côte sauvage tournée vers le large, et à l'est, face à l'entrée du golfe, une mer beaucoup plus calme et plus sûre. Les hautes falaises dénudées de la côte sauvage se visitent à pied et un peu avant Quiberon, le restaurant *Le Vivier* est le meilleur endroit pour assister au coucher de soleil sur la mer, à l'abri des embruns, autour d'un plateau de fruits de mer.

La Bretagne est la première région de pêche en France. Sa côte très découpée et ses rivières offrent des abris naturels à un grand nombre de ports de pêche où l'on est marin de père en fils.

La pêche

Les Bretons pratiquent quatre types de pêche en mer. La « grande pêche » retient les marins en mer plusieurs mois: c'est le cas pour la pêche à la morue ou au thon. La pêche hauturière embarque les pêcheurs pour plusieurs semaines, la pêche côtière pour quelques jours et la pêche des « petits bateaux » pour la journée.
Les ports de Bretagne ont toujours eu leur spécialité et le type de bateau adapté à leur activité.

Cancale: autrefois les bisquines de Cancale, avec leur impressionnante voilure partaient draguer les huîtres dans la baie durant les mois de mars et avril. Aujourd'hui, d'étranges bateaux ont remplacé les bisquines: ce sont des barges métalliques et amphibies, qui permettent de travailler à toute heure de la marée, de se déplacer au milieu des parcs à huîtres et de remonter sans difficulté sur la terre ferme pour transporter les huîtres vers les bassins d'affinage.

Saint-Malo et les terre-neuvas: les Malouins ont pendant des siècles pratiqué la « grande pêche » sur les bancs de Terre-Neuve. Les bateaux partaient en février, mettaient vingt jours à traverser l'Atlantique et restaient mouillés sept mois sur les bancs. De petites embarcations, les doris, étaient mises à l'eau pour pêcher la morue à la ligne. Les terre-neuvas ne rentraient qu'à l'automne. Aujourd'hui Saint-Malo continue cette pêche à la morue à bord de chalutiers-usines vers le Spitzberg mais les campagnes ne durent plus que trois mois. Paimpol a également pratiqué, à bord de goélettes, la pêche à la morue au large de l'Islande; c'est pourquoi les marins étaient surnommés « les Islandais ». Cette pêche a cessé en 1935 et depuis les Paimpolais ne pratiquent plus que la pêche côtière.

Saint-Brieuc et la pêche à la coquille: tous les ports de la baie de Saint-Brieuc et notamment celui d'Erquy pratiquent la pêche à la coquille Saint-Jacques; Cette activité est très réglementée: elle ne se pratique qu'en hiver et le dragage est limité trois jours par semaine et une heure par jour afin de ne pas appauvrir les ressources.

Douarnenez et la sardine: il fut le port le plus important pour la pêche à la sardine. Ce poisson se déplace par banc et se pêchait au printemps et en été à bord de chaloupes sardinières. Les conserveries occupaient les femmes de marins mais la disparition des bancs et la concurrence étrangère plongeront les pêcheurs dans la misère. Aujourd'hui Douarnenez reste un port très important pour la pêche fraîche.

Lorient, Concarneau et le thon germon: ces deux ports ont pratiqué la pêche au thon blanc ou thon germon. Mais ce sont les marins de Groix et ceux d'Etel qui, les premiers, s'étaient lancés dans l'aventure à bord de chaloupes pontées puis à bord de thoniers ou dundees. Aujourd'hui, seuls Lorient et Concarneau continuent à traquer le thon tropical dans l'Atlantique et l'océan Indien.

À VISITER

- **Le port du Guilvinec** dans le Finistère, premier port français de pêche fraîche, a créé un centre de découverte et d'interprétation de la pêche en mer qui propose dans son programme la visite du port et de la criée.
Haliotika
Terrasse panoramique de la criée
B.P. 14- 29730 Le Guilvinec
Tel: 02 98 58 28 38
- **À Lorient** on peut visiter le dernier chalutier à avoir pêché la morue sur les bancs de Terre-Neuve. Pour découvrir le travail et la vie à bord des derniers terre-neuvas:
Le Victor Pleven
Base des sous-marins de Keroman
56100 Lorient
Tel: 02 97 88 15 12
- **À Concarneau:** Musée de la pêche
Rue Vauban (intra-muros)
Tel: 02 98 97 10 20

C'EST À L'EST DE L'ACTUEL DÉPARTEMENT DE L'ILLE-ET-VILAINE QUE, DÈS LE XIE SIÈCLE, DES PLACES FORTES ONT ÉTÉ CONSTRUITES POUR DÉFENDRE LE DUCHÉ BRETON. LES CHÂTEAUX DE FOUGÈRES ET DE VITRÉ EN SONT LES DEUX PLUS BEAUX EXEMPLES, TANDIS QUE RENNES, EN RETRAIT, SE PROTÉGEAIT À L'INTÉRIEUR DE SES MURS.

Les Marches de Bretagne

La partie du vieux Rennes que l'on peut encore admirer aux alentours de la cathédrale, correspond à la partie de la ville qui a échappé au terrible incendie de 1720. Rennes, reconstruite autour de la place du Parlement avec ses rues bordées d'hôtels particuliers pour « ces messieurs du Parlement », a tous les aspects d'une capitale régionale. Le Parlement, incendié accidentellement en 1994, entièrement restauré, a retrouvé son imposante majesté. Rennes possède un très beau parc en pleine ville, le jardin du Thabor, dessiné par Denis Bühler : jardin à la française bordé de grandes serres, jardin paysager et jardin botanique dont la roseraie embaume l'air au mois de juin. Le samedi matin sur la place des Lices a lieu un marché que les Rennais ne manqueraient pour rien au monde : les meilleurs produits de la région y sont à vendre et

Les hermines symbolisent le pouvoir ducal en Bretagne. Elles sont également présentes sur l'actuel drapeau breton.
Page de droite : anciennes maisons de marchands dans le vieux Vitré.

CAVE
RESTAURANT
Petite salle

des grands noms de la gastronomie comme Olivier Roellinger viennent s'y approvisionner.

La route qui conduit à Fougères permet de traverser les forêts de Rennes, de Liffré et de Saint-Aubin-du-Cormier avant d'arriver au pied d'un des plus beaux châteaux forts d'Europe.

Impressionnant par sa taille et par ses nombreuses tours massives, le château de Fougères a eu pendant tout le Moyen Âge une mission stratégique de premier ordre. Son rôle ne s'est estompé qu'après le rattachement de la Bretagne à la France. Face au château, l'église Saint-Sulpice, dans son vaste enclos referme de très beaux retables : on peut y prier Notre-Dame-des-Marais dont la statue a été retrouvée dans les douves du château. Devenue ville industrielle au XIXe siècle, Fougères garde encore de cette époque quelques activités dont la Cristallerie de Haute-Bretagne qui réalise, en plus des services de verres et de carafes, les flaconnages pour les grands parfumeurs français et étrangers.

À Rennes, place des Lices, ces maisons à colombages ont été entièrement restaurées. Elles servaient de demeures aux parlementaires sous l'Ancien Régime.

En continuant vers la Normandie toute proche, la route traverse la très belle forêt domaniale de Fougères : elle fut pendant la Révolution le repaire des Chouans évoqué par Victor Hugo et Honoré de Balzac. Aujourd'hui elle ne cache plus que des mégalithes dont le curieux *Cordon des Druides,* série majestueuse de près de quatre-vingts menhirs de quartz qui ont gardé tout leur mystère.

Au sud de Fougères, Vitré n'a gardé que quelques vestiges de ses remparts mais son château, construit au XIe siècle, a été agrandi et reconstruit au XIIIe avec la forme triangulaire qu'il a aujourd'hui. Au XVIe siècle, pour le rendre plus agréable à vivre, les seigneurs de Vitré lui apporteront des éléments de décoration Renaissance, d'inspiration italienne. Autour du château, ruelles et maisons à colombages rappellent que ce sont les nombreux marchands qui contribuèrent à la richesse de la ville. À quelques kilomètres de Vitré, se trouve le château des Rochers où Madame de Sévigné aimait prendre ses quartiers d'été loin de Paris. C'était pour elle un lieu propice à la longue correspondance qu'elle entretenait avec sa fille « exilée » en Provence. On peut y admirer quelques beaux portraits de cette femme d'esprit qui a su, avant la lettre, partir en vacances en Bretagne.

L'entrée de Fougères est bien gardée avec la porte Notre-Dame et la tour de Guémadeuc.
Ci-dessous : l'Hôtel du Bol d'or à Vitré a été construit aux XVe et XVIe siècles.
Page de droite : le château de Vitré.

AUBERGE DU CHATEAU
36
CAFE
BAR

SI « LE COUESNON EN SA FOLIE A MIS LE MONT EN NORMANDIE », UNE BONNE PARTIE DE SA BAIE SE TROUVE DU CÔTÉ BRETON. DES PRÉS SALÉS ET D'IMMENSES ÉTENDUES DE SABLE ET LISE SÉPARENT LA « MERVEILLE » DU CONTINENT. AUX GRANDES MARÉES CES VASTES ESPACES SONT ENTIÈREMENT RECOUVERTS PAR LA MER QUI, DIT-ON, AVANCE À LA VITESSE D'UN CHEVAL AU GALOP.

La baie du Mont Saint-Michel

Il faut longer cette baie et tourner autour du Mont pour le découvrir sous toutes ses facettes et se l'approprier progressivement avant de s'en approcher. Le Mont est magique: c'est un mirage qui semble lointain et inaccessible. La route qui longe les falaises de Champeaux, sur la côte normande, est un des plus beaux points de vue pour découvrir le Mont et le petit hôtel des Hermelles est, pour moi, la meilleure adresse pour admirer le coucher de soleil sur la baie. Évidemment, l'idéal pour aborder le Mont est d'y aller à pied, comme le faisaient autrefois les nombreux pèlerins. La traversée se fait au départ du Bec d'Andaine avec un guide afin d'éviter les pièges des sables mouvants.

Les mois de juillet et d'août sont à proscrire pour monter à la conquête du Mont en toute liberté, à moins d'y aller aux premières heures du jour ou le soir après le départ des touristes.

Au sommet de la flèche, l'archange saint Michel, tout d'or revêtu, attend son ultime combat avec le démon. Renouant avec l'antique tradition, les pèlerins traversent la baie à pieds avant de monter vers l'abbaye.

Huîtres de Cancale ou huîtres de Belon ?
Huîtres plates ou huîtres creuses ? Huîtres chaudes
ou huîtres natures sur un lit de goémons frais ?
La Bretagne offre, au nord comme au sud
l'embarras du choix. Pour les fêtes, bien souvent,
l'huître est l'invitée d'honneur
car elle ouvre l'appétit sans jamais l'étouffer.

L'ostréiculture

Dans les parcs, à Cancale, les huitres disposées dans de grandes poches sont régulièrement retournées.

COMMANDER DES HUÎTRES

Pour recevoir en 48 heures une bourriche d'huîtres de Cancale :
- **Établissements Denys Maisons**
Les Nielles
35350 Saint-Méloir-des-Ondes
Tel : 02 99 89 16 93

À VOIR

- **Le musée de l'huître**
(chez un ostréiculteur, visite guidée avec vue magnifique sur la baie. Toute l'histoire de l'huître, visite des ateliers, salle de dégustation et vente).
Parc Saint Kerber
35260 Cancale
Tel : 02 99 89 69 99
- **Visite des parcs à huîtres**
Les huîtres du Château de Belon
Port de Belon rive droite
Tel : 02 98 06 90 58

Déjà appréciées à l'époque des Grecs et des Romains, les huîtres sauvages couvraient l'ensemble du littoral breton. À Cancale, dans la baie de Saint-Brieuc, à Morlaix et dans le golfe du Morbihan, elles étaient ramassées de façon intensive. Pour éviter l'appauvrissement des bancs, Napoléon III dut réglementer cette pêche et autoriser l'importation d'huîtres.

À la même époque, les premières expériences de culture de l'huître apparaissent avec le développement de naissains (larves) sur des baguettes : l'ostréiculture est née. En 1973, l'huître portugaise, décimée par un virus, a été remplacée par l'huître japonaise de croissance plus rapide.

La culture des huîtres est un travail de longue haleine. Les larves en suspension dans l'eau viennent d'abord se fixer sur des tuiles ou sur des baguettes, selon les régions. Au bout de quelques mois les naissains ont grandi et les petites huîtres sont alors détroquées, c'est-à-dire décollées de leur base et séparées les unes des autres à l'aide d'un couteau spécial. C'est dans les parcs que les huîtres continuent leur croissance, enfermées dans de grands sacs plats disposés sur des tables, régulièrement recouverte par la mer. Elles sont secouées et retournées régulièrement pour les maintenir séparées les unes des autres et pour leur garder une jolie forme. Trois ou quatre ans plus tard, arrivées à maturité, elles sont récoltées, triées, nettoyées, calibrées, et gardées dans des « claires » (bassins d'eau de mer) pour l'affinage. Elles peuvent enfin être mises en bourriches et envoyées sur les marchés. Les huîtres sont vendues en fonction de leur taille, à la douzaine et se dégustent toute l'année ; il faut cependant savoir qu'elles sont plus laiteuses et plus grasses durant les mois d'été.

Les huîtres selon les régions, ont un goût particulier : les huîtres de Belon auraient un petit goût de noisette, celles de Cancale seraient un peu plus salées, celles de Saint-Jacut plus iodées etc…

À Cancale, un marché tenu par les producteurs eux-mêmes est ouvert tous les jours toute l'année près du môle. Il permet de déguster à toute heure et sans façon autant d'huîtres que l'on veut tout en regardant la mer et les parcs.

L'abbaye propose d'ailleurs, à la nuit tombée, un son et lumière qui permet de déambuler, à son rythme, dans ces lieux que la nuit rend encore plus mystérieux. On peut rentrer dans le Mont par les trois portes qui conduisent au village où se trouvent les « marchands du temple » ; le mieux est d'éviter la Grande Rue en montant sur le chemin de ronde des remparts d'où l'on découvre les grèves et les prés salés. L'autre entrée, au sud-ouest, via le bâtiment des Fanils permet d'accéder à l'abbaye par des venelles entourées de verdure. La pièce maîtresse est bien sûr l'église abbatiale, bâtie au sommet du mont ; sa flèche surmontée de l'archange Saint-Michel contribue à l'élégance de l'ensemble. Monter jusqu'à l'abbaye reste pour beaucoup une quête spirituelle et nul ne peut rester indifférent au calme et à la ferveur qui règne en ces lieux habités aujourd'hui encore par quelques hommes d'Église.

Dans la baie, les filets en forme d'entonnoirs sont disposés pour prendre, à marée descendante, poissons et crevettes que le fort courant apporte.

Index

Pour en savoir plus

Guides Gallimard de Bretagne (1992)

Dolmens et Menhirs, Jacques Briard, Éditions Jean-Paul Gisserot, 1990

Bretagne (travail collectif) Éditions Bonneton, 1991

Dictionnaire de Bretagne, Michel Renouard, Éditions Ouest-France, 1992

Costumes et Coiffes de Bretagne, J.P.Gonidec et D. Mingant, Éditions Ouest-France, 1996

Les Grands Calvaires de Bretagne, V.H.Debidour, Éditions Jos Le Doare, 1988

Arts Populaires de Bretagne, Philippe Le Stum, Éditions Ouest-France, 1995

La Bretagne dans tous ses objets, Jacques Peron, Éditions Hoëbeke, 1997

Au sujet du Tro Breiz, Charles Mendes, Éditions du Vieux Moulin, 1991

Bretagne, Guide Vacances Secrètes, Arthaud, 2000

Couleurs de Bretagne, Olivier Rœllinger/Anne Testut et Alain Willaume, Flammarion, 1999

Toutes les photographies sont de Philip Plisson ⚓ et de Guillaume Plisson
à l'exception des pages
38, 39 (gauche) Ademas/Andia
68 (gauche), 68 (droite) Baudry/Andia
47 (bas), 96, 97 (droite haut), 102, 103 Betermin/Andia
25, 39 (bas), 40, 54, 55 (gauche), 55 (droite haut), 68 (milieu), 144, 145 Boelle/Andia
150-151 Crié/Andia
27 (droite haut) Grente/Andia
42-43, 30 (haut), 148 Haken/Andia
47 (gauche) Larbi/Andia
147 (haut) Montargès/Andia
38 (droite haut), 69, 76 Roignant/Andia
46, 47 (droite haut), 47 (milieu), 147 (bas) Roze/Andia
149 Sandford/Andia
75 Valentin/Hoa Qui
146 Zintmeyer/Andia

Direction éditoriale : Corinne FOSSEY
Photogravure : SELE OFFSET, Turin, Italie
Impression : GRAFEDIT, Bergame, Italie
Achevé d'imprimer en avril 2000
Dépôt légal : mai 2000
N° Édition : FZ220201